REVUE DU CRIEUR

Les clés de l'imaginaire

« *La France ne peut être la France sans la grandeur.* » De Gaulle. « *Chère vieille France ! La bonne cuisine ! Les Folies Bergère ! Le Gai-Paris ! La Haute Couture [...]. C'est terminé ! La France a commencé et largement entamé une révolution industrielle.* » Pompidou. « *La France n'est pas un pays de réformes, c'est un pays de nouveautés.* » Giscard. « *Quand la France rencontre une grande idée, elles font ensemble le tour du monde.* » Mitterrand. « *La France est un vieux pays, mais elle est aussi une nation jeune, enthousiaste, prête à libérer le meilleur d'elle-même pour peu qu'on lui montre l'horizon.* » Chirac. « *La France n'est jamais aussi prête au sursaut que lorsqu'on la croit sur le déclin.* » Sarkozy. « *Ma responsabilité, c'est de faire en sorte [...] que la France rayonne partout dans le monde grâce à sa culture.* » Hollande. « *Il y a peu de pays comme la France où on prétend penser le monde entier.* » Macron.

Ce florilège de citations signées – et singées l'une sur l'autre – des présidents d'une Ve République plus que jamais à bout de souffle rappelle à quel point l'élection présidentielle demeure pensée, en France, comme la rencontre entre un homme providentiel et un pays imaginaire.

Or, plus que jamais, cet imaginaire est aussi verrouillé que vieilli : il entonne l'air de la modernité, du progrès, de l'innovation, orchestré par des start-upeurs et autres microentrepreneuses davantage que par des citoyen·ne·s ; celui de la République, devenue la chasse gardée des conservateurs sur le mode d'un Georges Clemenceau « premier flic de France » ; celui de la place de l'Hexagone dans le monde sur la gamme de la « puissance » et de la « grandeur » de la France ; celui encore du multiculturalisme avec le répertoire de l'assimilation et de l'identité nationale.

S'ouvre une année de meetings et, avec elle, revient la saison des débats propices aux grands discours comme aux petites phrases, aux belles promesses comme aux sentencieuses mises en garde, chacun·e des candidat·e·s promouvant une certaine idée de la France, fallacieuse au pire, fatiguée au mieux. À l'amorce de ces mois qui menacent d'être pénibles, la *Revue du Crieur* propose de défaire cet imaginaire national. Moins dans l'idée de se le réapproprier qu'en vue de le faire exploser et de le libérer de ses pesanteurs historiques et de ses crispations idéologiques.

SOMMAIRE

LES AUTEUR·E·S

Lukas Aubin est membre associé du Centre de recherches pluridisciplinaires et multilingues (CRPM) à l'université Paris Nanterre et docteur en Études slaves contemporaines, spécialiste de la géopolitique de la Russie et du sport. Russophone et écrivain voyageur, il parcourt l'ex-URSS depuis plus d'une décennie à la recherche d'histoires à raconter et d'études géopolitiques à mener. Il est l'auteur de *La Sportokratura sous Vladimir Poutine. Une géopolitique du sport russe* (Bréal, 2021).

Laurent Bonnefoy est politiste, chercheur au CNRS et spécialiste de l'islamisme dans la péninsule Arabique. Il est notamment l'auteur de *Salafism in Yemen. Transnationalism and Religious Identity* (Columbia University Press, 2012) et de *Yémen. De l'Arabie heureuse à la guerre* (Fayard, 2017, prix Eugène Colas de l'Académie française). Il a également codirigé *Jeunesses arabes. Du Maroc au Yémen. Loisirs, cultures et politique* (La Découverte, 2013).

François Bougon est responsable du pôle International de Mediapart. Ex-correspondant de l'Agence France-Presse à Pékin, il est l'auteur de trois livres sur la Chine, dont *Dans la tête de Xi Jinping* (Actes Sud, 2017).

Cecilia D'Anastasio est rédactrice à Wired, spécialiste de l'industrie et la culture des jeux vidéo.

Raphaël Ehrsam est maître de conférences en philosophie à Sorbonne Université. Il a codirigé en 2020 avec Manon Garcia un numéro de la revue *Philosophie* intitulé « Perspectives philosophiques sur *Le Deuxième Sexe* de Simone de Beauvoir ».

Fabien Escalona est docteur en science politique et, depuis 2018, journaliste à Mediapart, où il traite de la vie politique française et de la vie des idées. Il est resté chercheur associé au laboratoire Pacte de Sciences Po Grenoble. Il a publié *La Reconversion partisane de la social-démocratie européenne* (Dalloz, 2018).

Romaric Godin est journaliste à Mediapart depuis 2017 où il suit la macroéconomie et les théories économiques. Il a été auparavant journaliste à *La Tribune* entre 2002 et 2015 dont trois ans comme correspondant à Francfort (2008-2011).

Antoine Pecqueur est journaliste. Il collabore notamment à RFI, Mediapart et *Alternatives économiques*. Il est l'auteur de *Atlas de la culture* (Autrement) et de *Géopolitique du rail* (Autrement).

Edwy Plenel est journaliste, cofondateur et président de Mediapart, journal en ligne indépendant et participatif. Il a publié de nombreux ouvrages parmi lesquels, aux Éditions La Découverte, *Pour les musulmans* (2014 ; 2016), *La Victoire des vaincus* (2019), *La Sauvegarde du peuple* (2020) et *À gauche de l'impossible* (2021).

DOSSIER

DÉVERROUILLER L'IMAGINAIRE FRANÇAIS

UN TOTEM NOMMÉ RÉPUBLIQUE

Le rapt conservateur des principes républicains

PAR **Fabien ESCALONA**

Omniprésente dans le débat politique français, la référence républicaine a fait l'objet d'un véritable rapt conservateur. Posée comme indiscutable et indépassable, elle est devenue un outil de mise au pas des demandes de justice. Il existe cependant d'autres conceptions de la république et du républicanisme. Plutôt que de laisser croire à une essence progressiste, mieux vaut assumer la lutte de sens qui entoure la notion, afin de mettre en avant des versions émancipatrices.

Les élections régionales du mois de juin 2021 ont offert une nouvelle occasion à une fraction importante de la classe politique française (depuis la droite jusqu'aux héritiers du socialisme de gouvernement) de brandir la République contre leurs adversaires. La campagne en Île-de-France, en particulier, a été l'épicentre d'une rhétorique déjà ancienne, mais qui ne cesse de monter en puissance et de saturer les champs médiatique et politique.

Dans cette région, la France insoumise (LFI) et Europe Écologie-Les Verts (EELV) ont ainsi été pointées comme des forces transigeant avec le principe de laïcité, complaisantes envers l'islamisme et défaillantes dans le soutien aux policiers. Ces motifs ont été évoqués par l'ancien Premier ministre Manuel Valls et par l'ancien président de la Région Île-de-France Jean-Paul Huchon, socialistes pendant des décennies, pour appeler à faire barrage à la liste d'union de la gauche. « *Face au danger de ceux qui ont tourné le dos à la République, il ne faut pas hésiter* », déclarait le premier pour justifier son soutien à la candidate sortante de la droite, Valérie Pécresse.

Cette dernière n'était pas en reste, fustigeant parmi ses rivaux « *des personnes qui ont des sympathies indigénistes, islamogauchistes, décroissantes* ». Selon elle, l'extrême droite avait son pendant d'extrême gauche, dont la menace était considérée comme équivalente, voire supérieure dans la mesure où elle était en mesure d'emporter la Région Île-de-France. Valérie Pécresse y ajoutait une remontrance au centre gauche incarné par la candidate socialiste Audrey Pulvar, qui aurait « *perdu sa boussole républicaine* » en s'alliant au second tour avec EELV et LFI. Les mêmes mots furent utilisés par la ministre Marlène Schiappa contre le Parti socialiste. L'accusation ne manquait pas de sel, sachant qu'Audrey Pulvar avait été soutenue comme tête de liste par la maire de Paris Anne Hidalgo, qui avait elle aussi contribué à attribuer des bons et des mauvais points en matière de loyauté républicaine.

En décembre 2020, stigmatisant sur BFMTV le « *relativisme culturel* » (mais sans donner d'exemple précis), Anne Hidalgo affirmait qu'EELV avait encore « *du travail* [à accomplir] *pour être beaucoup plus au clair* ». Dans la foulée, elle regrettait les « *ambiguïtés* » de Jean-Luc Mélenchon en la matière, de façon toujours aussi allusive. Dans la même interview, la maire de Paris déclarait se situer « *depuis toujours du côté des valeurs républicaines* ». Cela fait plusieurs années, en tout cas, qu'elle affiche sa proximité avec les partisans d'une ligne dure sur la laïcité, comme le Printemps républicain ou le Comité Laïcité République, qui en négligent la dimension la plus libérale.

L'épisode renseigne sur le fait que ce jeu rhétorique maximise le risque d'être dénoncé par plus républicain que soi. L'accusation d'être hors des clous de la République est le plus souvent floue, fondée sur des polémiques où se mêlent mauvaise foi, simplifications et caricatures. Elle est généralement proférée sans que soit jamais clairement énoncé le contenu des « valeurs » en question, ce qui rend délicate la possibilité de s'en défendre. Toutefois, l'efficacité de cette rhétorique ne tient pas seulement à son opacité. Dans le contexte français, elle convoque un imaginaire universaliste, connoté positivement, qui sert de machine discursive disciplinaire contre les luttes, revendications et formes de militantisme s'inscrivant en faveur des minorités et d'un certain pluralisme des styles de vie.

Ainsi, c'est au motif de défendre le « *modèle républicain* » que le ministre de l'Éducation Jean-Michel Blanquer n'a pas hésité, dans la foulée de l'attentat contre Samuel Paty, à lancer en octobre 2020 une chasse aux sorcières « *intersectionnelles* » dans les universités, où se logeraient « *les idéologies indigéniste, racialiste et "décoloniale"* ». Une rhétorique à nouveau servie en juin 2021 à l'Assemblée nationale. « *La pensée républicaine doit être consciente du danger représenté par ce différentialisme qui cherche à opposer les gens notamment par la race* [...]. *C'est ce que j'appellerais un nouveau maccarthysme, une police de la pensée* », clamait-il alors.

Un détournement de sens

Les personnes visées par ces discours peuvent toujours expliquer que leurs démarches intellectuelles ou militantes n'ont rien à voir avec ces descriptions fantasmées, qu'elles sont largement partagées à l'étranger sans y faire l'objet de tels anathèmes, et qu'elles défient moins l'universalisme qu'elles ne le mettent à l'épreuve. Rien n'y fera : la « République », dans le discours politique français, est devenue un totem autour duquel nous sommes appelés à communier sous contrôle de son clergé autoproclamé et sans possibilité de le discuter ni de le remettre en cause.

On l'aura compris, la « République », devenue une entité mythique, ne désigne pas tant une forme institutionnelle, à savoir une simple « non-monarchie », qu'un véritable esprit commandant respect et fidélité. Bien sûr, il s'agit d'un détournement de sens, ou du moins d'une

« BEAUCOUP DE "RÉPUBLICAINS" N'ONT PAS DE PROBLÈME AVEC LA DIVERSITÉ… TANT QUE CELLE-CI NE MENACE PAS LEUR POSITION HÉGÉMONIQUE. »

interprétation restrictive. Il est remarquable que la rhétorique de combat du républicanisme, confrontée jadis à des puissances et des élites conservatrices, cléricales, hostiles à toute démocratisation ambitieuse, soit désormais dirigée contre des groupes sociaux ayant le mauvais goût de contester les injustices qu'ils subissent et réclamant en réalité l'application *réelle* des principes républicains dont leurs détracteurs se réclament.

Selon Chloé Gaboriaux, maîtresse de conférences à Sciences Po Lyon, le problème réside dans la compréhension de l'universalisme, que le projet républicain ambitionne d'inscrire dans les faits. « *Il y a beaucoup de "républicains" qui n'ont pas de problème avec la diversité… tant que celle-ci ne menace pas leur position hégémonique*, nous précise-t-elle. *Lorsque certains acteurs tapent sur l'universel comme masque d'un pouvoir masculin, blanc et âgé, ces "républicains" autoproclamés ont l'impression que l'on tape sur l'universel "tout court", et se raidissent.* »

Magali Bessone, professeure à l'université Paris 1-Panthéon Sorbonne, abonde dans ce sens, regrettant une vision simpliste et décalée de la réalité, comme si la République française avait effectivement accompli tous ses idéaux. La philosophe est l'autrice d'un ouvrage sur les demandes de justice concernant les crimes coloniaux et esclavagistes[1]. Si ces demandes sont légitimes et exigent une réponse institutionnelle, c'est parce qu'elles ne portent pas sur un passé révolu, remarque-t-elle. Ces crimes continuent de peser à l'ère contemporaine, « *affectant les structures mêmes, juridique, politique et sociale, de la République* ». L'enjeu ne consiste donc pas à punir ou à dédommager qui que ce soit *a posteriori* ; mais à débarrasser ces structures de ce qui les rattache encore à une histoire de dominations : « *Il est souhaitable de tendre vers l'universel, ou plutôt un "commun", mais on ne peut pas faire comme s'il était donné d'emblée, comme si des gens ne s'y sentaient pas écrasés.* »

C'est aussi ce qu'exprime Olivier Christin, directeur du Centre européen des études républicaines. Cet historien estime que les récentes mobilisations féministes et LGBT, tout comme celles qui visent les violences policières et les mécanismes de racisation à l'œuvre dans la société, n'ont aucune raison d'être congédiées au nom de la République. « *Celle-ci porte la promesse d'une liberté qu'il s'agit de faire progresser*, note-t-il. *Elle met en place des libertés et des procédures de justice et de reconnaissance qui nourrissent des nouvelles demandes de reconnaissance. C'est de cette façon que les luttes se sont enchaînées pour le suffrage universel, les droits sociaux, l'école laïque, la presse, etc. Heureusement, en république, personne n'est en mesure de dire "stop".* »

Pourtant, c'est bien le lexique républicain qu'utilisent aujourd'hui les milieux conservateurs de toutes obédiences afin de délégitimer ces luttes en les amalgamant à des entreprises « identitaristes ». Une grande confusion en résulte, qui conforte au passage le statu quo. Sarah Mazouz, sociologue au CNRS, autrice de *Race* et *Pour l'intersectionnalité* (avec Éléonore Lépinard) aux éditions Anamosa, remarque ainsi que « *la république est désormais largement utilisée comme un label normatif qui permet de ne rien faire bouger, d'évacuer les questionnements concrets sur la façon de réaliser la promesse d'égalité dans la réalité vécue* ». Lestée d'une charge affective et mémorielle, « *la notion aide à rendre acceptable un discours nationaliste, en faisant passer des gestes d'exclusion pour des gestes progressistes* ».

Un rapt conservateur initié dans les années 1980

D'où vient une telle confiscation de la dynamique républicaine ? En remontant à ses origines, on s'aperçoit que la droite et l'extrême droite se sont en fait montrées assez suivistes : elles ont surtout exploité les glissements de sens opérés depuis la partie gauche du champ politique et intellectuel. La mise en avant d'une laïcité confinant à l'invisibilisation des différences, la stigmatisation d'un prétendu « droit-de-l'hommisme », la déploration d'une baisse du niveau éducatif et une critique superficielle de l'ordre marchand et de l'intégration européenne ont été les modalités principales de cette confiscation.

Jusque dans les années 1970, pourtant, la république ne faisait guère l'objet d'un investissement discursif de la part des élites dirigeantes. Auteur d'un ouvrage sur les récits concurrents de l'identité politique de la France[2], l'historien Émile Chabal rappelle que les premiers présidents de la Ve République évoquaient plus souvent « *la France* », « *la Nation* », « *la démocratie* »... Jusqu'à l'orée des années 1980, c'est plutôt le marxisme qui avait marqué et singularisé les identités socialiste et communiste. Quant à la droite, elle s'était certes définitivement ralliée à la République, au point que plusieurs partis avaient adopté l'adjectif dans leurs noms, mais, comme l'indique Serge Berstein, « *cette utilisation du vocable républicain* [faisait] *tout au plus allusion à la forme du régime, sans se réclamer en rien de la culture républicaine*[3] ».

DANS LE CHAMP ÉDITORIAL, LE PREMIER ÉVÉNEMENT MARQUANT EST LA PARUTION, EN 1982, DE L'OUVRAGE DE CLAUDE NICOLET : *L'IDÉE RÉPUBLICAINE EN FRANCE*.

C'est sous les mandats de François Mitterrand que la référence républicaine est réinvestie et de plus en plus mobilisée. Dans le champ éditorial, le premier événement marquant est la parution, en 1982, d'un livre érudit consacré à *L'Idée républicaine en France*[4]. Claude Nicolet, un historien spécialiste de Rome, collaborateur à plusieurs reprises de Jean-Pierre Chevènement lorsque celui-ci était ministre, tente d'y montrer l'originalité d'une pensée républicaine élaborée depuis l'époque des Lumières jusqu'au premier quart du XXe siècle.

Jean-Yves Pranchère, professeur de philosophie à l'Université libre de Bruxelles, nous invite à ne pas sous-estimer « *l'influence considérable* » de Nicolet. « *C'est un peu le "maître secret", dont le texte de référence en a irrigué beaucoup d'autres, plus polémiques* », ajoute-t-il dans un sourire.

Or, les partis pris de Nicolet ne sont pas anodins. Son enquête se révèle très franco-centrée et s'arrête au début du xxe siècle. Selon Olivier Christin, « *il est révélateur que Nicolet saute quasiment de Rome à Robespierre* ». La rhétorique des néorépublicains français, poursuit-il, a ainsi eu le double effet « *de singulariser à outrance le cas hexagonal (d'où une confusion entre républicanisme, jacobinisme, centralisme…) et de dés-historiciser le républicanisme, en transformant en modèle et en doctrine figés ce qui devrait être un combat sans cesse relancé* ».

Dès la parution du livre, certaines critiques se font jour. Dans un compte rendu publié à l'époque, l'historien Raymond Huard se demande par exemple si, « *en choisissant de ne retenir comme témoins de l'idéologie républicaine que les formes les plus élaborées de celle-ci, et pour tout dire l'idéologie de la bourgeoisie républicaine, Nicolet ne méconnaît pas tout un républicanisme populaire qui traverse le premier radicalisme, puis le socialisme et le communisme*[5] ».

La force de la proposition de Nicolet au début des années 1980, souligne Samuel Hayat, chargé de recherches au CNRS, consistait à fournir à la gauche « *une alternative émancipatrice au conservatisme et au socialisme marxiste matérialiste* ». Cependant, le politiste remarque lui aussi que cette alternative, ainsi formulée, souffre de la même faiblesse que le projet du vieux Parti radical au cours du xxe siècle : « *Il n'y a pas de stratégie d'égalisation des conditions sociales. Les moyens d'émancipation de la République résident avant tout dans l'éducation collective.* »

La « République » contre le « voile islamique »

Une autre contribution importante et révélatrice est fournie quelques années plus tard, en pleine célébration du bicentenaire de la Révolution, par une personnalité bien plus médiatique : Régis Debray. En janvier 1989, il publie un plaidoyer en forme d'adresse au chef de l'État : *Que vive la République*[6]. « *Ses ennemis ont pris le pouvoir dans la société*, affirme-t-il d'emblée dans des pages crépusculaires. *Au premier rang, l'Argent et l'Image. Leur alliance a remplacé celle du Trône et de l'Autel.* » La formule est intéressante, car elle renseigne sur l'attraction suscitée par la nébuleuse néorépublicaine française : alors que les préceptes néolibéraux gagnent les classes dirigeantes et que le paradigme marxiste est au plus bas, l'invocation de la « République » semble offrir une base minimale de résistance. De la même façon, certaines de ses figures s'illustreront par leur défense de la souveraineté populaire, objectivement diluée par une intégration européenne accomplie sur un mode élitaire.

Mais plutôt que de livrer une réflexion concrète sur les modes d'avènement d'une république sociale, Debray préfère broder sur le besoin de transcendance et d'appartenance,

RÉGIS DEBRAY OPPOSE LA CHALEUR DU RÉGIME RÉPUBLICAIN À LA FROIDEUR DES PROCÉDURES DÉMOCRATIQUES.

dans le contexte d'une société décrite, de manière univoque, comme gagnée par le narcissisme et la rationalité marchande. L'esprit est censé triompher de la matière, mais réchauffé à la flamme des idéaux et des symboles. Ce ne serait pas un hasard, d'après lui, si la république a été ringardisée au profit de la démocratie, un « *espace anonyme et désaffecté qui décourage les vocations,* [...] *une idée bavarde et sans légende, sans emblèmes ni géographie, sans rituel ni drapeau* ».

Cette distinction entre république et démocratie, respectivement rabattues sur des idéaux-types français et états-unien, fait l'objet d'une tribune publiée par *Le Nouvel Observateur* le 30 novembre 1989[7]. Vouée à une certaine postérité et influence, ce texte accumule pourtant clichés et raccourcis. « *En république, chacun se définit comme citoyen* [...]. *En démocratie, chacun se définit par sa "communauté", et l'ensemble des communautés fait "la société"* », écrit Debray. Dans le premier cas, « *les hommes sont frères parce qu'ils ont les mêmes droits* », dans le second, « *parce qu'ils ont les mêmes ancêtres* ». Seule la république serait en effet régie par « *l'idée universelle* » et la force de la loi, tandis que la démocratie le serait par « *l'idée locale* » et la convention du contrat. Poursuivant le jeu des contrastes, l'essayiste oppose carrément la chaleur du régime républicain à la froideur des procédures démocratiques, et renvoie l'« *Homo republicanus* » du côté masculin et l'« *Homo democraticus* » du côté féminin.

De manière significative, la tribune insiste aussi beaucoup sur la laïcité et la déprise du religieux, lequel déborderait sur la sphère civile dans les « simples » démocraties. Ce qui n'a rien d'un hasard : elle est publiée en pleine « affaire de Creil », lancée par les médias – au premier rang desquels *Le Nouvel Observateur* – en octobre 1989. Armé de ses théories républicaines, Debray est alors une des figures de proue de la croisade « laïque » lancée contre les « tchadors » des collégiennes musulmanes. Le 2 novembre 1989, déjà dans *Le Nouvel Observateur*, l'essayiste avait cosigné un appel fustigeant un « *Munich de l'école républicaine* », au bas duquel figuraient également les noms d'Élisabeth Badinter, Alain Finkielkraut, Élisabeth de Fontenay et Catherine Kintzler. Et quand la tribune du seul Debray paru, le 30 novembre, elle fut introduite par Laurent Joffrin, qui citait d'emblée l'affaire de Creil, l'interprétant comme le résultat des excès de « *l'individu-roi, de la dispersion des modes, de l'apparence triomphante, du droit à la différence et de la grande tolérance "droit-de-l'hommiste"* ».

Il s'agissait de la première grande controverse nationale sur le « voile islamique », qui devait trouver sa conclusion partielle en 2004, avec la prohibition par la loi des tenues manifestant « ostensiblement » une appartenance religieuse dans les écoles, collèges et lycées publics. Depuis, des rebondissements réguliers se produisent néanmoins, comme en 2019, lorsque Jean-Michel Blanquer a exprimé sa préférence pour le dévoilement des mères accompagnatrices de sorties scolaires. Ces querelles répétées ont donné au débat public français l'allure du film *Un jour sans fin* et ont surtout favorisé l'instrumentalisation du thème républicain au service d'une dénonciation du péril que feraient peser certaines minorités sur l'universalisme et la laïcité.

Si plusieurs des philosophes cités plus haut occupent aujourd'hui encore les avant-postes médiatiques, d'autres figures, comme la polémiste Caroline Fourest ou les animateurs du Printemps républicain, ont pris le relais [8]. Reste que l'affaire de Creil fut bien le moment clé d'un rassemblement et d'un raidissement de ceux que le philosophe Alain Policar appelle les « *nationaux-républicains* », afin de les distinguer de républicains plus critiques et philosophiquement plus libéraux.

« *Cette mouvance*, nous explique ce chercheur associé au Cevipof de Sciences Po, *a voulu lier la citoyenneté à une identité nationale exclusive d'une certaine altérité, en l'occurrence les musulmans suspects de ne pas s'assimiler. De là, une opposition très discutable qui a été construite entre laïcité à la française et tolérance à l'anglo-saxonne. Alors que le fondement de la laïcité, c'est quand même la liberté de conscience. Il y a une dimension d'émancipation par la raison, c'est vrai, mais il s'agit avant tout d'une séparation juridique entre l'État et les institutions religieuses.* »

Jean-Pierre Chevènement entre « *deux rives* »

En parallèle, et parfois en connexion avec ces évolutions de la vie intellectuelle en France, d'autres se sont déroulées au cœur de la vie politique. En 1983 puis en 1984, deux renoncements symboliques affectent la première expérience d'union de la gauche sous la Ve République. D'une part, le tournant de la rigueur anéantit les espoirs d'une rupture avec l'ordre capitaliste, incitant à substituer d'autres idéaux à celui du socialisme. L'Europe et la République en feront office, non sans affrontements à propos de leur compatibilité : certains « républicains » se dresseront ainsi contre les amputations de la souveraineté causée par les avancées de l'intégration européenne. D'autre part, le projet de loi Savary, qui devait tendre vers un grand service public unifié et laïque de l'éducation, est abandonné après une manifestation de plusieurs centaines de milliers d'opposants. Un renoncement vécu comme un échec terrible par les défenseurs de la laïcité, soudainement privés d'un horizon mobilisateur.

C'est dans ce contexte qu'à l'intérieur du PS, le courant de Jean-Pierre Chevènement abandonne en 1986 son intitulé initial – Centre d'études et de recherches socialistes, CERES – et adopte celui de Socialisme et République. La « République » dont il est question alors est explicitement conçue comme une base de repli, en l'absence de transformation sociale réalisable à court terme. Non seulement la rupture avec l'ordre capitaliste n'est plus à l'agenda mais, au fil des années, l'idéal républicain de Chevènement et de ses amis se retrouve de plus en plus rabattu sur la défense de l'« État-nation » contre les mouvements dissolvants, la restauration de l'« autorité » à l'école contre certaines tendances prétendument laxistes et la célébration du « progrès » contre des écologistes accusés d'en être les ennemis.

SI ELLE NE MÈNE PAS NÉCESSAIREMENT À UNE LOGIQUE D'EXCLUSION, LA RHÉTORIQUE DU « RASSEMBLEMENT DU PEUPLE » EST TRÈS FAVORABLE AUX GLISSEMENTS IDÉOLOGIQUES.

L'évolution jure avec les conceptions originales que cette aile gauche du PS avait élaborées dans le courant des années 1970. Si le « *vieux combat* » républicain était déjà mentionné à l'époque du CERES, « *sa forme moderne* » résidait, écrivait Chevènement, dans « *la revendication d'autogestion* ». Les « *revendications nationalitaires* », c'est-à-dire régionalistes, étaient alors comprises comme un « *vouloir-vivre commun* », et il était admis que « *l'État-nation en France* [s'était] *constitué au fil des siècles par une suite de génocides culturels* » contre les minorités régionales. Quant à l'école, elle ne devait plus « *conditionner les jeunes au phénomène Autorité* » mais favoriser « *l'exercice effectif des responsabilités chez les enseignants aussi bien que chez les enseignés* ». Il s'agissait de « *mettre fin à l'ennui et* [d']*ouvrir l'école-ghetto sur la vie* »[9]. « *La critique du productivisme* », enfin, était censée « *contenir tout le socialisme* » en s'émancipant de la « *mythologie de la croissance* »[10].

À suivre l'historien Alain Bergounioux, la mue doctrinale de Chevènement au début des années 1980 n'a toutefois pas dû lui coûter beaucoup. « *Même s'il défendait l'union de la gauche dès les années 1960, il avait une tendance à apprécier le gaullisme.* » De fait, Chevènement admettait volontiers souscrire au « *dessein de grandeur* » du Général, lui reprochant seulement d'avoir permis à la droite traditionnelle et aux « *fiefs d'argent* » de se reproduire à l'ombre de son prestige. On peut donc soupçonner que son adhésion aux mots d'ordre de l'autogestion, tout comme d'ailleurs à une grille de lecture marxiste du monde, avait toujours été fragile et en partie commandée par des impératifs de rassemblement et des jeux tactiques dans une conjoncture révolue.

Autrement dit, derrière la revendication républicaine, Chevènement aurait incarné de plus en plus clairement ce qui l'avait en réalité toujours animé en profondeur, à en lire sa récente autobiographie[11], à savoir une variante de gauche d'un idéal de « *société nationale réunie* » (cette expression étant empruntée à l'historien Philippe Burrin[12]). Si elle ne mène pas nécessairement à une logique d'exclusion, la rhétorique du « rassemblement du peuple » est très favorable aux glissements idéologiques et à la perte d'ancrage avec son camp d'origine, lorsque celui-ci s'est construit sur d'autres questions. De fait, depuis sa campagne présidentielle de 2002, au cours de laquelle il adressa des œillades aux fameuses « *deux rives* » du souverainisme, jusqu'à ses bons points accordés aujourd'hui à Emmanuel Macron, Chevènement a largué toute exigence critique à l'égard de l'ordre social en vigueur et aboli toute distance avec les partisans d'une identité homogène et fixiste de la nation française.

Aux sources socialistes du mantra républicain

Si beaucoup de compagnons de route ont quitté Chevènement au fil de ce chemin, ses entreprises politiques successives ont concouru à disséminer, à travers un large spectre politique et médiatique, des conceptions républicaines rabattues sur la nation et la verticalité des rapports de pouvoirs et débarrassées de toute ambition d'un renversement des rapports sociaux. Ces conceptions ont rencontré les discours d'une droite qui, de son côté, a de plus en plus promu une laïcité de type identitaire, comme en témoigne le rapport de François Baroin de 2003, lequel s'inquiétait des conséquences des revendications de citoyens de confession musulmane sur une identité nationale attachée, selon lui, à ses « *racines chrétiennes* » [13].

À LA SUITE DES ATTENTATS DJIHADISTES DE 2015, MANUEL VALLS ESTIMA QU'IL EXISTAIT DES « *POSITIONS IRRÉCONCILIABLES À GAUCHE* » ET QUE LA LIGNE DE PARTAGE POUVAIT ÊTRE TRACÉE GRÂCE À L'ESPRIT RÉPUBLICAIN.

Il convient cependant de ne pas oublier que l'ensemble du langage socialiste a évolué à partir des années 1980. « *Avant 1981,* rappelle le politiste Vincent Martigny, *le PS avait tout de même proclamé le droit à la différence. François Mitterrand avait souligné les dangers d'un jacobinisme intransigeant. À travers une critique du capitalisme et du fordisme comme forces de standardisation et de déracinement, les socialistes estimaient qu'un individu à l'aise dans sa culture serait plus à même de développer ses potentialités et d'être heureux. Pour autant, le PS ne défendait pas des droits séparés ni la relativisation du principe des frontières ou de la souveraineté. On ne peut donc pas parler de multiculturalisme ou de cosmopolitisme au sens fort de ces termes.* »

Dans la foulée des renoncements évoqués plus haut, sur le terrain de la transformation sociale et de la laïcité, plusieurs événements ont concouru au reflux de ce discours. Les élections municipales de 1983 sont marquées par la percée de l'extrême droite, notamment à Dreux, où la maire socialiste sortante Françoise Gaspard, favorable à une lecture ouverte des principes républicains, est battue par une alliance entre la droite et l'extrême droite. On assiste ensuite, poursuit Vincent Martigny, à « *la contre-attaque identitaire de la droite à l'approche des législatives de 1986, qui met en place, l'année suivante, une commission sur le code de la nationalité* », dont les travaux donneront une visibilité et une assise à des protagonistes de la nébuleuse néorépublicaine française, comme la sociologue Dominique Schnapper.

Autant d'éléments qui conduisent les socialistes à reculer sur le droit à la différence, lequel n'avait au demeurant jamais suscité le soutien des communistes ni des chevènementistes, sans compter les « poperénistes », dont le chef de file (Jean Poperen) avait fait de la défense intransigeante de la laïcité un marqueur idéologique central de son courant. En 1989, au moment où explose le thème de la « menace islamique », le PS s'est donc déjà replié sur la notion d'intégration, qui suppose un degré plus fort d'adhésion à une culture majoritaire plus homogène.

C'est ce cycle long du détournement conservateur de la référence républicaine qui y rendit possible, au sein du PS et plus largement dans le champ médiatique, l'offensive de Manuel Valls dans les années 2000-2010. On ne saurait la négliger, tant les arguments employés contre toute une partie du camp progressiste se retrouvent tels quels dans les polémiques ayant éclaté au cours du quinquennat macronien. À la suite des attentats djihadistes de 2015, celui qui était devenu Premier ministre estima en effet qu'il existait des « *positions irréconciliables à gauche* », et que la ligne de partage pouvait être tracée grâce à l'esprit républicain. Déjà à l'époque, il était question d'islamogauchisme et de relativisme culturel, et certaines têtes de Turc étaient toutes trouvées, comme Clémentine Autain, figure du Front de gauche, ou Mediapart, à qui l'ancien Premier ministre souhaitait faire « *rendre gorge* ».

Un opuscule signé Jean-Marie Le Guen, alors secrétaire d'État aux Relations avec le Parlement, contient toute la doctrine vallsiste, dont des pans entiers structurent encore aujourd'hui le débat public [14]. Il y dessine une sorte de nationalisme du « *cercle de la raison* [15] », défini depuis une gauche se vivant en état de guerre. La vision politique vallsiste, nouée autour d'un idéal républicain nébuleux, désigne comme adversaires tous ceux qui briseraient l'unité nationale qu'imposent la menace terroriste et la mondialisation. Elle implique d'écarter l'extrême droite et la fraction de la droite qui communieraient dans un « *bloc réactionnaire* », tout en supposant une rupture avec « *une certaine gauche* » accusée de faire le jeu du « *séparatisme* » ethnique et religieux.

Un concept ambivalent

Depuis, la référence à la République demeure omniprésente dans la conversation nationale. Elle est invoquée tantôt de manière vague, dans une intention consensuelle ou tout simplement dans le but de « faire régalien » ; tantôt de manière offensive, afin de fustiger les ennemis de l'extérieur et de l'intérieur qui menaceraient son unité et ses principes, ces derniers étant considérés comme un bien suprême, une forme indépassable de vivre-ensemble inaccessible au débat. Les effets sont concrets, comme

DÉGRADÉ EN MYSTIQUE INTOLÉRANTE, LE DISCOURS RÉPUBLICAIN FINIT PAR TOURNER LE DOS AU PRIMAT DE LA RAISON, POURTANT CENSÉE ANIMER LE RÉPUBLICANISME.

dans le cas de la laïcité, avec diverses dispositions juridiques qui ont élargi le cercle de l'obligation de neutralité religieuse, comme le relève l'historien spécialiste de la question Philippe Portier [16].

Dégradé en mystique intolérante, le discours républicain finit par tourner le dos au primat de la raison, pourtant censée animer le républicanisme. Opérant d'autorité le tri entre les fidèles et les hérétiques, il se protège de toute remise en cause, discussion critique ou retour réflexif sur les biais qui le traversent. Hypostasiée, la république n'est plus mise à l'épreuve ; elle se nécrose. Mais, si l'on regrette une telle évolution, reste une question délicate : a-t-elle eu lieu en raison de rapports de force conjoncturels, défavorables à des versions émancipatrices qu'il suffirait de ranimer, ou l'idée républicaine, y compris dans ses versions les plus avancées, donne-t-elle intrinsèquement prise à des discours et des pratiques d'exclusion ?

Répondre à ces questions est d'autant plus difficile que le sens du mot « république » n'a jamais été stabilisé, et que sa traduction sous forme de régime a donné lieu à des politiques contradictoires. Rien qu'en France, relevait l'historien Maurice Agulhon, « *nous avons à la fois une République au singulier, d'autant plus idéalisée qu'elle est abstraite ou absente, et des républiques numérotées, qui lui ressemblent plus ou moins* [17] ».

La Troisième, soit « *la République définitive* » après les tentatives confuses ou infructueuses de 1792 et 1848, concentre ces ambiguïtés. S'il y eut la période des fondateurs, marquée par les grandes lois à l'origine de nos libertés fondamentales, les années qui suivirent furent celles de la répression anti-ouvrière et des « lois scélérates » sous prétexte de lutte contre l'anarchisme. Elles virent également la constitution d'un parti colonial très peu contesté, lequel aboutit à un despotisme d'État n'ayant rien à envier à celui des régimes impériaux britannique ou allemand. Mais c'est encore sous ce régime et dans cette société, à l'occasion de l'affaire Dreyfus, que la raison d'État fut contrecarrée au nom des valeurs supérieures de justice et de vérité, et l'idée républicaine ressourcée à la logique des droits de l'homme [18].

On peut y voir la conséquence de la tension identifiée par Agulhon entre les défenseurs d'une république « *maximale* » et les adeptes d'une république « *minimale* ». Selon les premiers, la forme de régime devait être augmentée du respect de l'expérience révolutionnaire, d'un souci des milieux populaires, de convictions laïques voire anticléricales et de l'exaltation du Parlement contre tout pouvoir personnel. Les seconds, ralliés au régime faute de mieux, n'acceptaient pas ces « *additions* ». Par une ironie de l'histoire, il se trouve que c'est à l'un de ces ralliés par « *résignation* », en la personne de Charles de Gaulle, que le pays doit d'avoir conjuré l'humiliation de la défaite de 1940. Ce faisant, de Gaulle acquit une stature lui permettant d'édifier, à partir de 1958, un régime incontestablement républicain dans sa forme, mais dont l'ambition unanimiste et la conception forte de l'exécutif entraient en contradiction avec la culture républicaine du début du XXe siècle [19].

Ayant mis la France à la table des vainqueurs de la Seconde Guerre mondiale, contre le régime Vichy dont la nature politique était l'antithèse de la République, le chef de la France libre entretenait en outre l'idée que celle-ci avait toujours été du bon côté de l'Histoire. L'accession à l'indépendance, sous sa présidence, de l'Algérie et des anciennes colonies africaines de la France fut par ailleurs considérée par beaucoup comme un solde de tout compte du passé impérial. « *Tout cela n'a guère aidé à apercevoir les continuités réactionnaires*, observe Sarah Mazouz. *On insiste souvent sur la dichotomie entre les métropoles et les colonies sous la III*[e] *République, au point de ne plus voir que c'était le même régime qui établissait la règle de gouvernement, et que des legs postcoloniaux très concrets en ont résulté.* »

La défaite du républicanisme libéral

Les tensions internes à l'idée républicaine vont cependant encore au-delà du seul projet colonial, repris et développé par le régime de 1875. Elles se repèrent un siècle en amont. Selon Vincent Martigny, en effet, « *le problème essentiel de la pensée républicaine réside dans la confusion entre égalité et homogénéité. Cela remonte à l'abbé Grégoire* [une figure de la Révolution française, qui s'est battu à la fois en faveur de l'émancipation des minorités et de l'éradication des patois – ndlr]. *L'idée est que pour se comprendre on a besoin d'une identité commune, de codes communs de politisation, au risque de la désunion. Une voie plus ouverte et pluraliste a pu être recherchée, à gauche notamment, mais la République de gouvernement qui a triomphé, c'est bien celle qui a eu ce versant autoritaire. La tolérance vis-à-vis des minorités et des choix de vie a été conquise par la société sur l'État.* »

« DÈS LES DÉBUTS DE LA RÉVOLUTION, LE PROJET ROUSSEAUISTE A ÉTÉ ACCOLÉ AU LEXIQUE DE LA NATION. LA VOLONTÉ GÉNÉRALE EST DEVENUE LA VOLONTÉ NATIONALE. »

« *S'il y a eu un rapt conservateur, il ne s'est pas fait sur rien* », estime lui aussi Samuel Hayat, selon qui le républicanisme français recèle une dimension « *profondément unitaire* », y compris dans ses versions les plus radicales sur le plan social. Or, « *la focalisation sur l'intérêt général, la vertu et la dévotion au bien commun a en elle-même des effets conservateurs. L'universalisme de la majorité des républicains reste un universalisme des valeurs, qui appelle un contenu unificateur. Ce n'est pas un universalisme des droits, par nature plus ouvert à une politique des minorités* ». La faute à Rousseau, ce philosophe influent auprès de nombreux révolutionnaires de 1789, selon lequel la loi devait découler de la volonté générale ?

D'après Jean-Yves Pranchère, c'est bien du côté de l'auteur du *Contrat social* qu'il faut rechercher la source de certaines ambiguïtés. « *Rousseau, qui était genevois, prenait comme modèle de société une entité restreinte, la cité, avec du face-à-face possible et une relative homogénéité assurée par des intérêts sociaux spontanément identiques. Sauf que, dès les débuts de la Révolution, le projet rousseauiste a été accolé au lexique de la nation. La volonté générale est devenue la volonté nationale, avec la tentation de définir le peuple selon un substrat culturel, même dans les conceptions qui se veulent "civiques" et non "ethniques".* » Les droits de l'homme ont cependant offert un « *contrepoids universaliste* », qui a permis à des républicains de se dresser contre les nationalismes les plus exclusifs. L'œuvre de Rousseau lui-même aide à penser l'articulation entre l'égalité et la pluralité, et suggère de démanteler les mécanismes d'exploitation, de domination et d'exclusion qui perpétuent injustices et inégalités.

Mais, si l'on renonce à toute ambition en matière de justice sociale, comment cimenter une volonté générale et forger une identité collective ? « *La réponse est la foi dans la nation, l'allégeance prioritaire à la communauté imaginée, la démonstration qu'on adhère à la religion civile du régime*, explique Jean-Yves Pranchère. *D'où, dans les versions les plus droitières, un véritable catéchisme républicain.* » D'autres approches républicaines, plus conflictuelles, ont cependant toujours existé. Elles vont dans le sens des interprétations les plus socialisantes de Rousseau. « *Les approches d'un Machiavel ou d'un Montesquieu n'impliquent pas une homogénéité de la volonté populaire*, poursuit Pranchère. *Dans la logique de ces auteurs, le peuple se définit comme ceux qui ne veulent pas être dominés et ne veulent pas dominer. Une république, ce serait des gens qui vivent sous le régime d'égalité de la loi et se disputent à propos de leurs intérêts communs.* » Sauf que cette tradition n'a guère été portée, en France, par des acteurs significatifs – du moins, ceux-ci ont été défaits.

Mettre la république au service d'une liberté authentique

Depuis le XIXe siècle, on peut en effet repérer le fil ténu d'un « républicanisme radical » beaucoup plus conflictuel et attentif à la question sociale. Maurice Agulhon parle d'une « *"école conventionnelle"* [en référence à la Convention de la Révolution française – ndlr] *toujours marginale ou minoritaire qui, cautionnée par la grande mémoire de Robespierre, de Saint-Just, des sans-culottes, de Babeuf, fera de temps en temps* [...] *une opposition d'extrême gauche à la République de la gauche*[20] ».

La révolution de 1848, avec la révolte de juin des ouvriers parisiens contre le régime instauré en février, fournit à cet égard une bonne illustration des conceptions antagoniques que peut véhiculer l'idéal républicain. Les quelques mois qui séparent ces deux épisodes ont en effet vu s'affronter des compréhensions différentes et socialement situées de la promesse d'un peuple souverain. Le chercheur Samuel Hayat a analysé cette polarisation entre, d'un côté, le projet advenu d'un gouvernement représentatif et, de l'autre, le projet inabouti d'une « République démocratique et sociale ». Dans le premier cas, le suffrage universel était réputé suffire à la légitimité des représentants, lesquels revendiquaient par conséquent le monopole de la décision politique ; dans le second cas, le principe d'association était revendiqué et les représentants, une fois élus, restaient soumis au peuple. Les citoyens devaient intervenir directement dans les affaires publiques[21].

Auteur de travaux pionniers sur la Commune de 1871, l'historien Jacques Rougerie interprète cet épisode comme l'« *achèvement* [d'une certaine] *tradition républicaine de gauche* ». De fait, les acteurs eux-mêmes ont revendiqué l'horizon d'une « *République universelle* » ou d'une « *République des travailleurs* ». Selon Rougerie, l'intérêt porté aux formes de gouvernement direct en république remontait à la Révolution de 1789, lorsque certains jacobins avaient imaginé un pouvoir émergeant du bas vers le haut de la société. Faute d'opportunité en 1848, ce « *questionnement libertaire de la démocratie* » aurait donc trouvé un aboutissement imparfait quelque quatre-vingts ans plus tard. « *Être son propre souverain : pendant la Commune, cela signifie, sous une forme très concrète, s'auto-administrer, s'autogouverner, vivre le politique "autonomiquement"* », résume Jacques Rougerie [22].

Alors que la répression sanglante de la Commune de Paris fut assumée par les républicains partis à Versailles, certains communards n'ont pas pour autant renoncé au vocable et à l'idéal républicain. C'est ce dont témoignent les trajectoires d'un Jules Dalou, sculpteur du *Triomphe de la République* inauguré en 1899 place de la Nation à Paris, ou d'un Édouard Vaillant, socialiste soucieux de l'autonomie de son parti, la Section française de l'Internationale ouvrière (SFIO) vis-à-vis du camp bourgeois, affirmant en 1908 que « *nous sommes* a fortiori *des républicains comme on n'en trouve pas dans les autres partis se disant républicains et qui, n'étant pas socialistes, ne peuvent vouloir l'achèvement de la République* ».

S'il n'avait pas de passé communard, c'est imprégné d'un imaginaire « conventionnel », conflictuel et plébéien que Jean Jaurès concevait la république. Socialiste parce que partisan d'une transformation du régime de propriété et d'une abolition des rapports sociaux capitalistes, il ne pensait pas que cet « *ordre nouveau* » adviendrait sans luttes âpres à l'intérieur du cadre républicain. Celui-ci fournissait certes des institutions et des idéaux adéquats à des avancées démocratiques, mais ne pouvait devenir socialiste, à ses yeux, que grâce à l'action revendicatrice et pédagogique du mouvement ouvrier.

Notons au passage que le socialisme a incité des républicains non collectivistes, parmi les plus avancés des radicaux, à formuler une intéressante philosophie « solidariste ». Un de ses premiers théoriciens, Léon Bourgeois, a défendu ardemment les cotisations retraite et l'impôt sur les successions au début du siècle dernier. Ainsi que le précise le philosophe Serge Audier, les solidaristes pensaient l'interdépendance des individus à l'échelle de la société et dans le temps, et promouvaient « *une action volontariste de lutte contre les inégalités, visant à "rétablir l'équilibre entre privilégiés et déshérités"* [23] ».

L'émergence des républicanismes alternatifs

Si l'on se concentre sur la période contemporaine, des républicanismes alternatifs se repèrent également du côté de la théorie politique. Il s'agit d'une tradition, revivifiée durant le dernier quart du XXe siècle, qui conçoit la liberté comme un état de « non-domination ».

SELON PHILIP PETTIT, LA DOMINATION VERTICALE DE L'ÉTAT (*IMPERIUM*) EST AUSSI PRÉJUDICIABLE QUE LA DOMINATION HORIZONTALE D'AUTRES AGENTS (*DOMINIUM*).

Un des philosophes les plus réputés dans la promotion de cette idée est l'Irlandais Philip Pettit, auteur de *Républicanisme. Une théorie de la liberté et du gouvernement* et qui a notamment inspiré l'ancien chef de gouvernement espagnol José Luis Zapatero. Après huit années de gouvernement conservateur, le socialiste, parvenu au pouvoir en 2004, entendait appuyer un certain nombre de réformes sur une solide base philosophique : promotion de l'égalité de genre, légalisation du mariage des couples de même sexe, régularisation massive d'immigrés clandestins, dépolitisation de l'audiovisuel public, loi sur la « *récupération de la mémoire* » du franquisme… Un agenda qui contrastait avec les tendances nationalistes et la focalisation sur la laïcité de la plupart des néorépublicains français.

Interrogé par *El País* lors de sa venue en Espagne, Philip Pettit résumait son républicanisme par « *l'idée qu'une personne ne peut pas en dominer une autre.* […] *Elle consiste fondamentalement à ne pas avoir de maître, à être libre. Dans l'Angleterre du* XVIII*e siècle, ceux qui se considéraient comme républicains utilisaient le terme de* commonwealth, *au sens latin de* res publica, *de bien commun, mais l'idée de monarchie constitutionnelle les satisfaisait pleinement.* […] *Ce qui définit le républicanisme, c'est la différence entre sujet et citoyen.* » Et cette différence, comme le philosophe l'a exposé dans plusieurs ouvrages[24], consiste en l'absence de vulnérabilité du citoyen à l'interférence arbitraire d'une personne ou d'une entité. C'est d'ailleurs pourquoi Pettit se démarque de beaucoup de républicains français très attachés à l'État-nation et à sa forme centralisée. À ses yeux, la domination verticale de l'État (*imperium*) est aussi préjudiciable que la domination horizontale d'autres agents (*dominium*).

Sur le plan philosophique, ce républicanisme de la « non-domination » se distingue d'une autre tradition républicaine, défendue notamment par Hannah Arendt, qui assimile la liberté à la participation civique. Dans cette conception, l'activité politique tournée vers le bien commun y est considérée comme la « *vie bonne* » par excellence. Par contraste, l'approche républicaine à la Pettit entend rester pluraliste à l'égard des conceptions du bien qui coexistent dans une même communauté politique. Davantage que comme une fin en soi, l'exercice de la démocratie est considéré comme un instrument servant à maximiser la liberté. Mais la proposition du philosophe irlandais n'en reste pas moins une alternative au libéralisme, dans la mesure où celui-ci réduirait la liberté à la « non-interférence », c'est-à-dire à l'absence d'entrave à la volonté d'un agent par une intervention extérieure.

La « non-domination » comme point d'ancrage

En réalité, toutes les conceptions libérales ne sont pas aussi caricaturales. Mais le point important soulevé par Pettit reste que la domination peut exister *même sans interférence.* Lorsqu'un esclave est laissé tranquille et « bien traité » par son maître, son statut ne l'en rend pas moins vulnérable à tout revirement. De même, lorsqu'une épouse fait ce qu'elle veut de l'argent de son mari mais sans en avoir elle-même, elle reste dépendante de lui. Asymétrique, ce genre de relation n'est pas satisfaisant. À l'inverse, on ne peut parler de domination en cas d'interférence *non arbitraire.* Par le droit et l'impôt, par exemple, la puissance publique intervient dans la vie des citoyens afin de maximiser la possibilité de *tous* d'échapper à la domination d'un autre. Cela ne tient que si elle le fait sur la base d'un consentement, acquis à travers des procédures de délibération, de vote et de représentation, et sans dépouiller les droits et libertés fondamentales qui protègent de l'arbitraire d'État. Surtout, insiste Pettit, les citoyens doivent toujours pouvoir bénéficier de capacités de contestation, que ce soit grâce à leurs élus, aux médias, à des autorités indépendantes, à la justice ou en prenant la rue.

Outre la démocratisation de l'État, la pensée républicaine de la liberté comme non-domination peut se décliner sur des terrains multiples, au service de l'émancipation et non pas du rappel à l'ordre. C'est le cas de la domination de genre, rapport social asymétrique par excellence, comme le relève la philosophe Marie Garrau, maîtresse de conférences à l'université Paris 1[25]. Selon elle, beaucoup de féministes peuvent se retrouver dans « [la] *critique des effets psychologiques induits par la sujétion,* [l']*insistance sur le lien entre égale considération et jouissance de la liberté,* [l']*importance accordée au contrôle de l'agent sur sa vie…* ». Le républicanisme de Pettit, ajoute-t-elle, présente l'avantage de ne pas impliquer « *une conception homogène du bien commun* » et d'offrir « *une vision souple de la distinction entre sphère privée et sphère publique* ».

Les controverses récurrentes sur la place des religions, et en particulier celle de l'islam en France, gagneraient aussi à être abordées de manière dépassionnée sous l'angle de la non-domination. C'est la conviction de Cécile Laborde, professeure de théorie politique à l'université d'Oxford, selon qui la notion de non-domination permet de mettre « *l'accent sur les relations de pouvoir et non sur les questions d'identité* ». Sa « *théorie républicaine critique* » vise en effet à corriger les torts subis par des groupes sociaux assignés à des positions subalternes, auxquels il s'agit de donner un « *statut civique égal* » mais certainement pas d'accorder des droits particuliers au motif de telle ou telle appartenance identitaire[26].

LA CONCEPTION NÉORÉPUBLICAINE DE LA NON-DOMINATION FOURNIT UN POINT D'APPUI AFIN DE DÉFENDRE UNE DÉMOCRATISATION DES LIEUX DE TRAVAIL.

Dans le débat sur le foulard à l'école, Cécile Laborde s'est ainsi tenue à distance d'une position paternaliste, assumant de recourir à la coercition pour désaliéner, autant que d'une position tolérante un peu mièvre, inattentive aux moyens dont disposent les individus pour faire des choix éclairés. « *Les citoyens de la république* [...] *doivent être capables d'autonomie – mais ne peuvent être forcés à l'exercer* », résume la théoricienne, mentionnant le rôle de l'éducation mais aussi les ressources matérielles indispensables afin d'avoir « *voix au chapitre* ». Des accommodements liés à la pratique religieuse lui semblent tolérables dans la mesure où la sphère publique n'est pas aussi neutre qu'il n'y paraît, comme l'illustre un calendrier marqué par les fêtes catholiques. Certaines minorités, plus récemment installées, peuvent s'en trouver lésées. En revanche, aucun accommodement n'est envisageable avec les droits fondamentaux, qui sont à distinguer d'un héritage particulariste. « *En somme,* résume Cécile Laborde, *la république n'est pas un appel à l'identité mais un défi de l'inclusion.* »

Hormis le genre et le pluralisme religieux, le terrain économique et social peut également être investi avec une conception néorépublicaine de la non-domination. En particulier, celle-ci fournit un point d'appui afin de défendre une démocratisation des lieux de travail.

Iñigo González-Ricoy, professeur associé à l'université de Barcelone, s'est ainsi intéressé aux moyens d'éviter les interférences arbitraires en entreprise. Le philosophe démontre que ni la possibilité de s'extraire de la relation salariale, ni la seule régulation par le droit du travail ne sont suffisantes (l'une parce que le coût et le risque auxquels s'expose le salarié sont exorbitants ; l'autre car ce serait comme « *une monarchie constitutionnelle sans Parlement* »). Afin de forcer l'employeur à tenir compte de l'intérêt de l'employé, il est impératif que ce dernier occupe une place réelle dans le processus de décision [27]. Dans une autre de ses contributions, González-Ricoy va plus loin en estimant préférable une situation où les droits de contrôle des salariés vont de pair avec des droits de propriété. En clair, un système coopératif, dans lequel l'entreprise appartient aux travailleurs, est préférable à une codétermination à l'allemande, fondée sur l'équilibre paritaire entre les représentants des salariés et les détenteurs de capitaux dans les instances de décision. Ce modèle est en effet difficilement crédible, tant l'équilibre entre le capital et le travail est « distordu » par la menace potentielle d'un retrait unilatéral des actionnaires et leur plus grande facilité à trouver un intérêt commun (la maximisation de la richesse) face à un front salarial hétérogène dans sa composition [28].

Dans le but de définir ce que serait une « *économie politique républicaine* », les chercheurs David Casassas et Jurgen De Wispelaere ont même systématisé un certain nombre de propositions [29]. Toujours à partir d'un objectif de non-domination, ils défendent l'idée d'un « *plancher économique* » (dont l'octroi inconditionnel permettrait à chacun de satisfaire ses besoins primaires), associé à un « *plafond économique* » (afin d'éviter toute concentration excessive de richesses et donc de pouvoir d'influence par une minorité d'acteurs). Ils estiment eux aussi qu'une participation des travailleurs « *à tous les niveaux de l'organisation économique* » est nécessaire : avec les deux précédentes propositions, elle favoriserait en retour des institutions politiques saines, puisque les citoyens seraient moins vulnérables, plus égaux et davantage exercés à la délibération collective qu'aujourd'hui. Il s'agit cependant d'une extrapolation des théorisations de Pettit et d'une radicalisation de l'idée de non-domination, visant les structures de la production et de la reproduction sociale qui sécrètent les mécanismes de domination.

Construire du commun à partir du particulier

De fait, la philosophie néorépublicaine comporte des limites et ne contient pas en elle-même toutes les potentialités du républicanisme, entendu dans son sens le plus conflictuel et plébéien. Travaillant à partir du genre, Marie Garrau regrette que Pettit n'envisage la domination que sur un mode direct ou personnel, lorsque sa source est bien identifiable. Or les asymétries entre hommes et femmes se reproduisent sous des formes subtiles, intégrées et incorporées par les individus depuis leur socialisation primaire. Selon la philosophe, il faudrait « *intégrer pleinement l'idée que la domination repose sur des mécanismes symboliques qui émergent certes à partir d'actions identifiables et intentionnelles, mais qui peuvent acquérir une existence autonome (sinon indépendante) et, par le biais de la répétition et de la réitération, former des régularités supra-individuelles qui s'imposent aux agents sociaux* ». D'où la nécessité d'une action au niveau des représentations.

L'UNIVERSALISME RÉPUBLICAIN, AU LIEU D'OCCULTER LES MÉCANISMES REPRODUCTEURS D'INÉGALITÉS, DEVRAIT S'ENRICHIR D'EXPÉRIENCES ET DE POINTS DE VUE RAREMENT ÉCOUTÉS JUSQU'À PRÉSENT.

Le manque de compréhension des mécanismes structurels et impersonnels de la domination se retrouve en matière économique et sociale. Dans un texte publié par La Vie des idées, au cours duquel Philip Pettit revient sur la crise économique qui a frappé l'Espagne à la fin des années 2000, le philosophe admet avoir péché par « *naïveté en croyant qu'on pouvait faire confiance au système financier international* [...]. *Et je n'ai pas compris à quel point l'appartenance à la zone euro limitait la marge de manœuvre du pays en cas de retournement de la conjoncture économique*[30] ». Le travail d'introspection n'est cependant pas poussé bien loin, puisqu'il en appelle aussitôt à « *chevaucher le tigre* » au moyen d'une régulation adaptée, plutôt que s'engager en faveur d'une démocratie du crédit et de la production.

Les dynamiques du capitalisme contemporain incitent pourtant à penser que la liberté comme non-domination n'est guère compatible avec le maintien d'une finance de marché puissante – et que celle-ci ne se laissera pas facilement « *chevaucher* » par le premier républicain venu. D'où la tentative de certains théoriciens, comme le philosophe Tom O'Shea, de définir un « *républicanisme socialiste* »[31]. Celui-ci argue du besoin de reconnaître le caractère structurel de la domination du capital, laquelle ne se réduit pas à l'arbitraire possible du patron vis-à-vis de ses employés. Non seulement la structure de classe *s'impose* aux citoyens ordinaires en limitant drastiquement leurs choix de vie, mais l'ensemble de la société, capitalistes et travailleurs confondus, est façonné par l'impératif d'accumulation perpétuelle.

Plus ou moins conflictuels, tous les républicanismes « alternatifs » évoqués jusqu'ici intègrent en tout cas l'idée d'une mise à l'épreuve régulière de la république au regard de son idéal et valorisent les possibilités de contestations permettant d'éviter sa nécrose conservatrice. Dans un contexte français où ce régime n'a cessé de produire à la fois de l'intégration et de l'altérité, une telle dynamique aurait tout son intérêt. L'universalisme républicain, au lieu d'occulter les mécanismes reproducteurs d'inégalités, devrait s'enrichir d'expériences et de points de vue rarement écoutés jusqu'à présent. Selon Magali Bessone, « *il faut partir du pluralisme indéniable de croyances, d'origines, de cultures, et construire ce que nous voulons réaliser ensemble. Je cherche un républicanisme qui admet qu'on construise du commun à partir du particulier. En faisant cela, on construit l'universel de façon horizontale, on ne le détruit pas* ».

Vers un « éco-républicanisme »

Les crises écologiques qui s'amoncellent fournissent une autre occasion de revisiter le républicanisme. Les notions de bien, d'intérêt et de monde communs n'ont peut-être jamais paru aussi pertinentes, mais il est vrai aussi que le rapport au progrès, aux ressources terrestres et aux autres espèces est resté longtemps un angle mort de la pensée républicaine. C'est précisément le sujet de l'ouvrage de Serge Audier, *La Cité écologique*, dans lequel il défend l'idée d'un « éco-républicanisme »[32].

IL IMPORTE D'INTÉGRER LES INTÉRÊTS DE CELLES ET CEUX QUI NE SONT PAS ENCORE NÉS, COMME CEUX DU VIVANT NON HUMAIN, AFIN DE TENDRE VERS LA DÉFINITION D'UN INTÉRÊT GÉNÉRAL « ÉLARGI ».

« *Le cœur de l'approche républicaine,* écrit le philosophe, *nous paraît simple et essentiel : la cité ne doit pas être gouvernée dans l'intérêt particulier, mais dans l'intérêt commun* [...]. *En ce sens, le moment écologique est au plus haut point, dans l'histoire de l'humanité, un moment "républicain".* [...] *Mieux, c'est seulement à condition que* [républicanisme et écologie] *se complètent mutuellement qu'*[ils] *trouveront respectivement leur accomplissement le plus profond.* » L'auteur a cependant bien conscience du « *mépris* » exprimé par de nombreux républicains envers la question écologique. Ceux-là se sont fossilisés dans un anthropocentrisme décalé par rapport à l'état des savoirs sur le climat et la coévolution des espèces. Inversement, bien des écologistes ont proféré des accusations de « *ringardise* » excessivement englobantes à l'égard du républicanisme. Ils sont restés dans l'ignorance d'un legs stimulant mais mal transmis.

Or, mettre à nouveau ce legs sur le métier offre l'avantage de ne pas partir d'une table rase. Au cours d'un parcours intellectuel impressionnant, Audier développe donc les traductions concrètes d'une liberté et d'une solidarité éco-républicaines, qui exigent de réduire à la portion congrue la logique du capital et de travailler à un régime mixte capable d'intégrer d'autres points de vue que ceux des citoyens du présent, en particulier ceux des plus riches et des plus diplômés d'entre eux qui ont tendance à monopoliser la parole. Il importe d'intégrer, dans les circuits de la délibération et de la décision politiques, les intérêts de celles et ceux qui ne sont pas encore nés, comme ceux du vivant non humain, afin de tendre vers la définition d'un intérêt général « élargi », adapté aux interdépendances multiples désormais documentées par les sciences naturalistes et les sciences sociales [33]. Se donner à soi-même sa loi est un objectif essentiel, conclut Audier, mais qui ne peut plus être pensé dans les coordonnées anthropocentriques d'autrefois.

Cet élargissement de la socialité n'implique pas un effacement de l'individu. Audier tient en effet à distinguer « *le repli sur soi égoïste et anticivique* », qui lui paraît dommageable, de « *l'émancipation individuelle* », qu'il juge important de défendre. Il se démarque ainsi de nombreux républicains français qui déplorent la perte de substance politique de nos sociétés au profit des droits de l'homme et d'un narcissisme exacerbé. La prise en compte d'aspirations individuelles n'a rien de problématique en soi. « *Il existe un pseudo-universalisme*, précise-t-il, *qui ne veut rien savoir des différences, et un universalisme plus sérieux et vigilant qui prend en compte les formes de non-reconnaissance et de discrimination.* » Cohérent avec la conception de la liberté qu'il défend dans son ouvrage, il précise néanmoins que « *ces aspirations à la reconnaissance individuelle ne prennent un sens civique que si elles s'articulent au souci explicite de la chose publique, et même à l'investissement dans les affaires communes.* [...] *L'individu social et écologique devra savoir dire aussi bien pleinement "je" que pleinement "nous" dans son rapport à soi, à la société, aux autres et aux êtres de la Terre.* »

LE CONCEPT DE « RÉPUBLIQUE » EST PEUT-ÊTRE MAL COMPRIS, MAIS IL EST SURTOUT LE LIEU D'UNE LUTTE DE SENS.

Les deux républicanismes

À l'issue de ce parcours, il apparaît que le républicanisme dominant en France s'est révélé à la fois vulnérable à un détournement identitaire conservateur et incapable de convaincre les minorités qui s'estiment assignées à un statut subalterne par une puissance publique paternaliste et normalisatrice. La notion est-elle définitivement corrompue par la totémisation conservatrice que nous avons décrite, au point qu'il faille l'abandonner ? Dans un texte paru en 1999, Daniel Bensaïd, pourtant de filiation trotskiste, répondait qu'il valait encore le coup de se dire républicain, « *dans la mesure où la République s'oppose à une notion transcendante du pouvoir, où elle implique l'autodétermination de la loi, où elle signifie le primat de l'intérêt public sur l'intérêt privé. Dans la mesure surtout où elle ne délimite pas une appartenance naturelle ou identitaire, mais s'affirme comme le principe d'une société politique ouverte et universalisable*[34] ».

De fait, des républicanismes alternatifs existent, qui empêchent de confondre l'idéal républicain avec celui que brandissent les pans les plus conservateurs du spectre politique français. Mais vouloir à tout prix sauver une essence non corrompue de la république pourrait se révéler assez vain. Si on l'interprète comme une dynamique, cela implique d'ailleurs qu'elle passe par des stades où sa promesse est encore inaboutie et son horizon réduit. L'histoire nationale est au demeurant trop riche d'ambiguïtés à l'égard de populations minorisées, sans parler du vivant non humain, pour que puisse être exalté un idéal qui n'aurait été que mal compris ou mal réalisé. Mieux vaudrait assumer que la république fait – ou devrait faire – l'objet d'une lutte de sens. D'où l'utilisation possible du référent républicain à des fins antagoniques.

D'un côté, et c'est la tendance dominante que nous avons décrite, la république est convoquée par les tenants d'un ordre social figé, ou aménagé à la marge. Elle s'inscrit alors dans une entreprise de légitimation de l'État, du droit et des rapports sociaux existants. La stratégie est celle d'une hégémonie limitée, plutôt qu'expansive et inclusive[35]. La république sert de ligne de partage entre deux camps opposés : ceux qui lui vouent fidélité et adoration, contre ceux qui s'adonnent au parjure voire au séparatisme ; les adorateurs du totem, contre les impies ne méritant que l'excommunication du débat, voire de la communauté nationale. Ce type de vision n'est pas surprenant dans une période de crise économique chronique, durant laquelle les tensions ne peuvent être facilement apaisées par des concessions matérielles, sauf à affronter de puissants intérêts sociaux. Pour le dire brutalement, en termes marxistes empruntés à Nicos Poulantzas, la république s'offre comme l'arme discursive, en France, d'une tentative d'enrôlement des « *classes dominées* » dans un « *consensus idéologique* [...] *les polarisant vers le bloc au pouvoir et court-circuitant leur organisation politique propre* »[36].

D'un autre côté, la république et le républicanisme peuvent être mobilisés par les partisans d'une démocratie radicale, qui revendiquent au contraire des rapports sociaux plus égalitaires et un ordre politique plus inclusif, dans lequel l'arbitraire serait le plus limité possible. Dans ce cas, l'idéal poursuivi est celui d'une extension et d'un enrichissement de la liberté politique, qui démantèle ou relativise les privilèges et les pouvoirs tirés des titres de propriété ou de compétence à diriger, afin de maximiser la participation et le contrôle des citoyens dans la détermination des choix collectifs. Ici, c'est la part subversive du message républicain qui est mise en avant, c'est-à-dire sa volonté destituante et instituante plutôt que son acquiescement à l'ordre institué. À l'évidence, ce républicanisme-là est aujourd'hui minoritaire dans l'espace public. Est-ce provisoire ? Jaurès, dans son « Discours à la jeunesse » prononcé en 1903, voulait croire que « *la République a vaincu parce qu'elle est dans la direction des hauteurs, et que l'homme ne peut s'élever sans monter vers elle. La loi de la pesanteur n'agit pas souverainement sur les sociétés humaines, et ce n'est pas dans les lieux bas qu'elles trouvent leur équilibre* ».

1. M. Bessone, *Faire justice de l'irréparable. Esclavage colonial et responsabilités contemporaines*, Vrin, Paris, 2019.
2. É. Chabal, *A Divided Republic. Nation, State and Citizenship in Contemporary France*, Cambridge University Press, Cambridge, 2015.
3. S. Berstein, « Le retour de la culture républicaine », *Vingtième Siècle*, n° 44, 1994, p. 113-120
4. C. Nicolet, *L'Idée républicaine en France. Essai d'histoire critique (1789-1924)*, Gallimard, Paris, 1982.
5. R. Huard, « Compte-rendu de *L'Idée républicaine* », *Romantisme*, n° 45, 1984, p. 125-126.
6. R. Debray, *Que vive la République*, Odile Jacob, Paris, 1989.
7. « Êtes-vous démocrate ou républicain ? », *Le Nouvel Observateur*, 30 novembre 1989. Voir aussi le chapitre « République ou démocratie », *in* R. Debray, *Contretemps. Éloges des idéaux perdus*, Gallimard, Paris, 1992, p. 15-54.
8. M. Magnaudeix, « Les croisades de Caroline Fourest », *La Revue du Crieur*, n° 6, 2017, p. 74-89 ; L. Delaporte, P. Graulle et E. Salvi, « Le Printemps républicain, une « petite boutique » qui veut peser sur le jeu politique », Mediapart, 1er décembre 2019.
9. Toutes les citations qui précèdent proviennent de J.-P. Chevènement, *Le Vieux, la Crise, le Neuf*, Flammarion, Paris, 1974, p. 37, 231 et 236.
10. D. Motchane et J.-P. Chevènement, *Clefs pour le socialisme*, Éditions Seghers, Paris, 1973, p. 75.
11. J.-P. Chevènement, *Qui veut risquer sa vie la sauvera. Mémoires*, Robert Laffont, Paris, 2020.
12. P. Burrin, « La France dans le champ magnétique des fascismes », *Le Débat*, n° 32, 1984, p. 52-72.
13. P. Portier, « Le tournant substantialiste de la laïcité française », *Horizontes Antropológicos*, n° 52, 2018, p. 21-40.
14. J.-M. Le Guen, *La Gauche qui vient*, Fondation Jean-Jaurès, Paris, 2016.
15. Cette expression, attribuée à l'essayiste Alain Minc, désigne les partisans de la mondialisation néolibérale ou, du moins, ceux qui regardent l'adaptation à cette dernière comme la seule politique économique crédible.
16. P. Portier, *loc.cit*.
17. M. Agulhon, « La République, combat et acquis de la gauche », *in* J.-J. Becker et G. Candar (dir.), *Histoire des gauches en France*, vol. 1, La Découverte, Paris, 2005, p. 247-254.
18. V. Duclert, *La République imaginée*, Belin, Paris, 2010.
19. S. Berstein, « La Ve République : un nouveau modèle républicain ? », *in* S. Berstein et O. Rudelle (dir.), *Le Modèle républicain*, Presses universitaires de France, Paris, 1992, p. 407-429.
20. M. Agulhon, *op. cit.*, p. 251.
21. S. Hayat, *1848. Quand la République était révolutionnaire*, Seuil, Paris, 2014.
22. J. Rougerie, « La Commune et la gauche », *in* J.-J. Becker et G. Candar (dir.), *op. cit.*, p. 95-112.
23. S. Audier, *Les Théories de la république*, La Découverte, Paris, 2004, p. 66.
24. P. Pettit, *Républicanisme. Une théorie de la liberté et du gouvernement*, Gallimard, Paris, 2004.
25. M. Garrau, « Le républicanisme contemporain à l'épreuve du genre », *in* O. Christin (dir.), *Demain, la République*, Le Bord de l'eau, Lormont, 2018, p. 165-186.
26. C. Laborde, *Français, encore un effort pour être républicains !*, Seuil, Paris, 2010. Les citations qui suivent en sont issues.
27. I. González-Ricoy, « The Republican case for workplace democracy », *Social Theory and Practice*, vol. 40, n° 2, 2014, p. 232-254.
28. I. González-Ricoy, « Ownership and control rights in democratic firms. A republican approach », *Review of Social Economy*, vol. 78, n° 3, 2019, p. 411-430.
29. D. Casassas et J. De Wispelaere, « Republicanism and the political economy of democracy », *European Journal of Social Theory*, vol. 19, n° 2, 2016, p. 283-300.
30. P. Pettit, « Réflexions d'un républicain sur le 15M », La Vie des idées, 20 septembre 2011.
31. T. O'Shea, « Socialist Republicanism », *Political Theory*, vol. 48, n° 5, 2020, p. 548-572.
32. S. Audier, *La Cité écologique*, La Découverte, Paris, 2020. Les citations qui suivent en sont issues.
33. M. Magny, *L'Anthropocène*, Presses universitaires de France, Paris, 2021.
34. D. Bensaïd, « Républicains encore un effort », *Lignes*, n° 37, mai 1999.
35. Sur les « *visions hégémoniques* » chargées de lier les pratiques de l'État à l'idéal poursuivi par la société entière, voir B. Jessop, *The State. Past, present, future*, Polity Press, Cambridge, 2016, p. 86-88.
36. N. Poulantzas (dir.), *La Crise de l'État*, Presses universitaires de France, Paris, 1976, p. 42.

LA QUESTION COLONIALE,
UNE QUESTION FRANÇAISE
Refoulement et persistance de
l'impérialisme hexagonal

PAR **Edwy PLENEL**

Plus que toutes les autres anciennes puissances impériales, la France est travaillée en profondeur par la question coloniale. Celle-ci structure la relation qu'elle entretient avec le monde et façonne le regard qu'elle porte sur elle-même. La société française, qui persiste à refouler son passé colonial et à nier son présent impérial, s'expose aujourd'hui à de graves dangers. Car c'est sur ce terreau d'ignorance que prospèrent les entrepreneurs de la haine qui pullulent sur les plateaux de télévision et parasitent les enjeux électoraux.

Non pas que d'autres nations européennes ne soient pas encore travaillées par leur passé impérial, ses enjeux mémoriels et ses héritages culturels. Mais c'est en France que la question coloniale est toujours une question politique active et concrète, déterminant aujourd'hui encore les débats idéologiques et les orientations gouvernementales. La déplier, c'est découvrir que s'y emboîtent la question sociale (la constitution et le renouvellement des classes populaires par l'apport des relations, échanges et migrations venues d'ailleurs), la question démocratique (la fusion, sous le poids d'une monarchie présidentielle, du grand Un vertical du pouvoir et du grand Même uniforme de l'identité) et la question internationale (la relation à la diversité, à la pluralité et à la fragilité d'un monde interdépendant où l'universel se construit dans l'échange et le partage plutôt que dans la domination et la soumission).

Cette insistance de la question coloniale distingue la France des autres anciennes puissances continentales qui ont contribué à la projection de l'Europe sur le monde où, en même temps que se construisait sa richesse par l'accumulation primitive du capital, s'est politiquement inventé l'Occident comme jauge, juge et modèle des autres peuples et cultures auxquels il s'imposait par la force et la conquête. La décolonisation française est à la fois la plus tardive (excepté la portugaise qui intervient douze ans après l'indépendance algérienne), la moins consentie (de 1945 à 1962, ce furent dix-sept années de guerres coloniales françaises ininterrompues, de Madagascar à l'Algérie en passant par l'Indochine) et la moins complète (la France est désormais la seule puissance coloniale directe avec ses départements et territoires d'outre-mer).

LA FRANCE, DONT 18 % DU TERRITOIRE SE SITUE OUTRE-MER, EST LA BUTTE-TÉMOIN DU COLONIALISME EUROPÉEN.

À la fin du XVIIIe siècle et au cours du XIXe siècle, les empires britannique et espagnol ont tôt été contraints de céder à leurs propres colons, eux-mêmes esclavagistes, la souveraineté de certains de leurs territoires (États-Unis d'Amérique pour les premiers, nations sud-américaines pour les seconds). Rien de tel s'agissant de la France, dont le joyau colonial – Saint-Domingue, aujourd'hui Haïti – fut le théâtre de la quatrième des révolutions primordiales, celle des esclaves emmenés par le « Spartacus noir » Toussaint Louverture qui subvertit par sa radicalité les trois autres révolutions – parlementaire britannique, indépendantiste américaine et républicaine française. Une révolution dont le peuple haïtien paiera l'audace, au sens propre de dédommagements financiers, jusqu'au mitan du XXe siècle.

Quant à l'Allemagne et à l'Italie, elles perdirent leurs empires coloniaux dans leurs défaites européennes, à l'issue de la guerre de 1914-1918 pour la première, de la guerre de 1939-1945 pour la seconde. À l'inverse, la France n'a réussi à se trouver à la table des vainqueurs en 1945, après que la majorité de ses élites politiques, économiques et intellectuelles eurent consenti à la collaboration avec le nazisme, que grâce à la mobilisation des colonies qui fournirent le gros des troupes de la France libre, cette armée improbable qui fonda la légitimité de Charles de Gaulle.

Enfin, le Portugal, pays européen parti premier à la conquête des lointains, fut aussi, cinq siècles plus tard, celui dont la décolonisation sera synonyme de démocratisation. En 1974, la révolution des Œillets qui mit fin à la dictature de

Salazar et instaura la démocratie fut portée par des militaires engagés dans les sales guerres africaines (Angola, Mozambique, Guinée-Bissau et Cap-Vert). À l'opposé, l'ultime crise coloniale française, celle de la guerre d'Algérie, enfanta en 1958 un coup d'État militaire contre le régime démocratique dans l'espoir, finalement contrecarré, de maintenir l'empire colonial, mais qui servit d'acte de naissance à l'actuelle Ve République, ce « coup d'État permanent ».

La persistance des schémas coloniaux, une réalité objective

Publiée en 2015, la grande enquête de l'INED sur la diversité des populations en France a établi que 14 % de la population française était née hors de métropole et que 15 % était directement issue de migrants, Domiens et Français nés hors métropole. À ces près d'un tiers d'habitants peu ou prou intimement liés à l'histoire coloniale de la France, il faut ajouter toutes celles et tous ceux qui, sans en être issus, ont été concernés ou impliqués lors de cette projection de la France hors de son hexagone continental, notamment durant les décennies d'une décolonisation tardive et douloureuse. L'INED a, de plus, établi combien les populations liées aux migrations coloniales se sentaient plus concernées que d'autres par la vie politique nationale, revendiquant une intégration citoyenne tout en assumant une pluralité d'identités qui fait de la France une nation multiculturelle.

LE MOUVEMENT CONTRE LA « *PROFITATION* » DE 2008-2009 EN GUYANE PUIS AUX ANTILLES, INSPIRENT AUJOURD'HUI DES PROTESTATIONS POPULAIRES HEXAGONALES.

Par ailleurs, la France est au XXIe siècle la dernière puissance coloniale directe au monde, seule nation plantant son drapeau tricolore sur tous les continents, de la Guyane à la Nouvelle-Calédonie et la Polynésie en passant par les Antilles, Mayotte et La Réunion. Elle est ainsi la butte-témoin du colonialisme européen, avec 18 % de son territoire en outre-mer (qui compte 4 % de sa population) et possédant, grâce à ces terres lointaines, le deuxième domaine maritime de la planète, derrière les États-Unis. Ce n'est pas seulement une anomalie historique au regard du droit des peuples à disposer d'eux-mêmes, reconnu par les traités et conventions internationales depuis la Seconde Guerre mondiale, c'est aussi une exception qui, paradoxalement, contribue à rendre la France aveugle à elle-même, refusant, par préjugé colonial, de reconnaître sa dimension multiculturelle, sa diversité d'origines, sa pluralité de cultures.

Au-delà de cet aveuglement, cette persistance d'un colonialisme direct se traduit par des conflits tangibles dont la Nouvelle-Calédonie est l'épicentre depuis quatre décennies, marqués en 1988 par l'assaut militaire meurtrier contre des indépendantistes kanaks à Ouvéa et prolongés depuis par des accords sur un processus d'autodétermination qui n'a pas encore connu son terme. Mais il faut y ajouter des soulèvements récurrents, spécifiques à l'outre-mer, qui, à l'instar du mouvement contre la «*profitation*» de 2008-2009 en Guyane puis aux Antilles, inspirent et insufflent des protestations populaires hexagonales comme ce fut le cas avec l'occupation des ronds-points par les Gilets jaunes dans une même protestation contre la vie chère.

Cette résistance aux injonctions autoritaires d'un pouvoir central se plaçant en surplomb de la société s'est encore illustrée durant la crise sanitaire du coronavirus avec une pesanteur active du passé colonial qui a entravé la vaccination. À cette occasion, dans la diversité confuse des protestations populaires, s'est laissé entrevoir combien un vieil état d'esprit colonial déterminait la relation des gouvernants aux territoires: au lieu d'appréhender la France comme un tissu bariolé, maillé de situations diverses, ils ne la voient qu'au prisme d'une uniformité étatique qui méprise les sensibilités locales ou infantilise les collectivités régionales. Où l'on retrouve la défiance de la IIIe République, alors résolument colonialiste à l'extérieur, à l'égard des «petites patries» qui, à l'intérieur, constituent l'hexagone français, de la Bretagne à l'Occitanie.

Un refoulement qui fait le lit d'un nouveau fascisme

Il y a près d'un demi-siècle, en 1976, une série de grands reportages du quotidien *Le Monde* sur les «*confettis de l'empire*» s'ouvrait sur cette interrogation: «*La France sera-t-elle la dernière puissance coloniale du monde occidental? La question peut faire sursauter bien des Français de bonne foi, pour qui, après l'indépendance de l'Algérie et des pays d'Afrique noire, le "dossier colonial" est refermé depuis longtemps.*» Depuis 1962, les élites gouvernantes françaises et leurs relais intellectuels ou médiatiques ont en effet transformé la question coloniale en angle mort du débat public. Comme si, avec les indépendances, elle avait été définitivement évacuée, rendue aux peuples devenus souverains et n'habitant aucunement l'ancienne puissance.

À tel point que *Les Lieux de mémoire*, ouvrage collectif paru sous la direction de Pierre Nora entre 1984 et 1992, ne s'arrête à aucune trace du passé impérialiste français, à l'exception de l'exposition coloniale de 1931. Ni le Code noir, ni la longue durée esclavagiste, ni la révolution haïtienne, ni les conquêtes républicaines, ni la guerre d'Algérie, etc., ne trouvent place dans ce monument d'une histoire intrinsèquement racinée, saisie dans l'immobilité et l'éternité d'une « identité nationale » qui exclut les ailleurs, divers et lointains ayant pourtant tissé la France, son passé et son présent. Comme l'a souligné Marcel Detienne dans *L'Identité nationale, une énigme* (Gallimard, 2010), cet effacement inaugurait le renouvellement d'une pensée de la nation construite sur la « *mêmeté* » (« être les mêmes, rester les mêmes ») dont la violence symbolique à l'encontre des populations témoignant de la diversité française a légitimé et renforcé une violence étatique bien réelle, particulièrement policière.

DEPUIS 1962, LES ÉLITES GOUVERNANTES FRANÇAISES ET LEURS RELAIS INTELLECTUELS OU MÉDIATIQUES ONT TRANSFORMÉ LA QUESTION COLONIALE EN ANGLE MORT DU DÉBAT PUBLIC.

La parution en 2017 au Seuil, sous la direction de Patrick Boucheron, d'une *Histoire mondiale de la France* fit heureusement contrepoids. On peut notamment y revisiter ce « *1492 à la française* » du règne de Louis XIV qui mêle « *croisade contre l'Islam en Méditerranée, purification religieuse, conversions et expulsions* [des protestants], *organisation d'un esclavage de masse, idéologie suprématiste* » (Jean-Frédéric Schaub). Se souvenir qu'en 1791, quand commence la révolution des « *Jacobins noirs* », Saint-Domingue est le premier producteur de sucre et de café au monde, représentant l'essentiel du commerce colonial de la France grâce à l'exploitation forcenée de plus de 500 000 esclaves, dont les deux tiers sont nés en Afrique, fournis par une traite négrière intensive qui faisait alors la prospérité de Nantes, de Bordeaux, du Havre et même de Marseille (Manuel Covo). Démystifier enfin la célèbre conférence sur la nation prononcée par Ernest Renan en 1882 alors même que la République allait se convertir au colonialisme, dont le propos, décliné au présent, «*rend difficile l'intégration dans la société française de ceux qui viennent d'ailleurs et ne se reconnaissent pas en elle*» (Sylvain Venayre).

Mais cette réplique historienne n'a pas suffi à renverser la tendance lourde d'un débat public entêté à enfouir la question coloniale, à l'expulser ou à la disqualifier. «*Rôle positif*» de la colonisation (loi votée en 2005 puis abrogée sous la présidence de Jacques Chirac), stigmatisation des «*repentances*» (inaugurée sous la présidence de Nicolas Sarkozy), diabolisation des «*séparatismes*» (loi votée sous la présidence d'Emmanuel Macron), assaut contre la pensée «*décoloniale*» à l'université (notamment dans un appel d'intellectuels, parmi lesquels l'historien Pierre Nora), etc.: cette crispation d'une France officielle, partie en guerre contre toute affirmation ou revendication de la question coloniale, témoigne du retour brûlant, par l'expression et la mobilisation des premiers concernés, de ce qu'elle s'était acharnée à refouler.

C'est toute la différence avec les États-Unis où la persistance du passé esclavagiste à travers la ségrégation raciale fut l'occasion, dès les années 1960, d'une prise de conscience politique et théorique qui a largement irrigué les forces progressistes se réclamant de l'émancipation. Rien de tel en France où l'anticolonialisme a toujours été tenu aux marges politiques, porté par des figures dissidentes et minoritaires, même si leur aura intellectuelle les faisait rayonner à l'étranger – ainsi du mouvement surréaliste. Nul hasard d'ailleurs si, dans l'actuel moment de vérité autour de la question coloniale, un même refrain nationaliste, à droite comme à gauche, s'emploie à dénoncer une néfaste influence «*anglo-saxonne*» dont le «*wokisme*» serait l'emblème. Rien d'autre pourtant, derrière cette caricature aux relents xénophobes, que l'expression concrète des causes communes de l'égalité, rassemblant dans des coalitions arc-en-ciel toutes les bonnes volontés militantes à l'intersection des dominations de classe, de race et de genre.

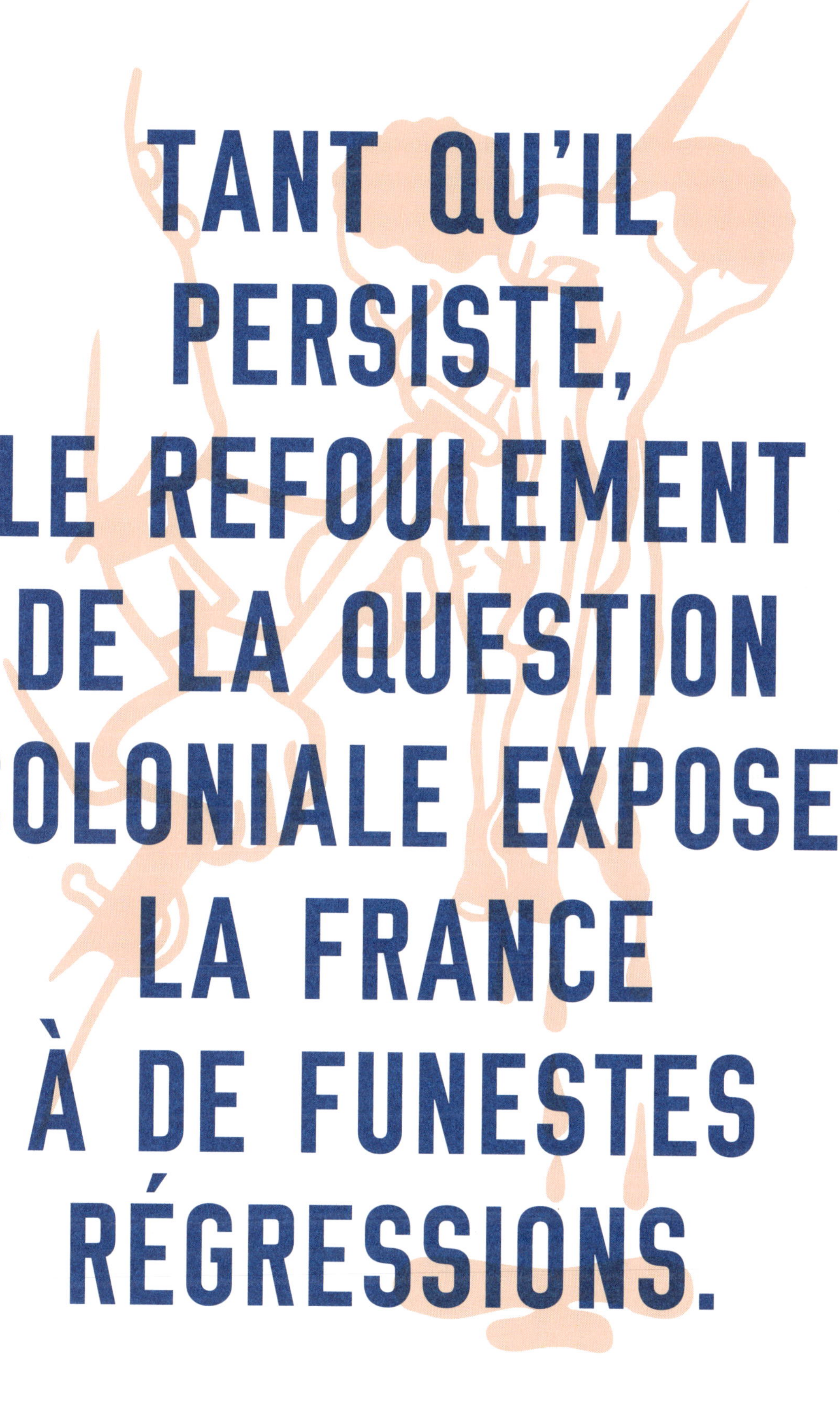

TANT QU'IL PERSISTE, LE REFOULEMENT DE LA QUESTION COLONIALE EXPOSE LA FRANCE À DE FUNESTES RÉGRESSIONS.

Ce long retard français risque de se payer au prix fort. Car c'est sur ce terreau qu'a émergé le « *grand remplacement* », cette nouvelle idéologie meurtrière qui nourrit les renaissances néofascistes, jusqu'à leur expression terroriste, dont l'inventeur (Renaud Camus) et le propagandiste (Éric Zemmour) sont français. Ayant désormais droit de cité dans le débat public, ce concept est un appel à l'annihilation de la pluralité française par l'affirmation qu'elle serait une menace vitale. Son ressort est du même ordre que l'antisémitisme moderne tel qu'il prit corps, déjà, en France, à la fin du XIXe siècle en même temps que la République faisait le choix de l'expansionnisme colonial – l'antisémite Édouard Drumont, l'auteur de *La France juive*, fut alors élu député d'Alger. Faisant recette au-delà de son territoire de naissance, cette vision fantasmée d'une nation envahie de l'intérieur par l'altérité juive fut le premier socle idéologique du génocide européen, commis par l'Allemagne nazie avec, entre autres, la collaboration de la France pétainiste.

Certes, nous n'en sommes pas là. Mais, tant qu'il persiste, le refoulement de la question coloniale expose la France à de funestes régressions, fragilisant les antidotes aux renaissances racistes. De ce point de vue, la reconnaissance tardive (par le « Discours du Vél d'Hiv » de Jacques Chirac en 1995) de la responsabilité proprement française, sous l'État de Vichy, dans le crime contre l'humanité dont furent victimes les juifs d'Europe est restée inachevée. Hannah Arendt, dans la construction en trois parties de ses *Origines du totalitarisme*, fait de l'impérialisme le point de passage entre l'antisémitisme et le totalitarisme. Le nazisme fut un colonialisme exterminateur, la violence impérialiste précédemment déchaînée sur les continents des conquêtes coloniales ayant fait retour sur le continent européen en visant des populations, cultures ou civilisations, construites comme inférieures et allogènes.

Prolongeant l'intuition fondatrice d'Arendt dans *La Violence nazie, une généalogie européenne* (La Fabrique, 2002), Enzo Traverso insiste sur « *les racines européennes du national-socialisme* », en s'érigeant contre la tendance, persistante en France, à vouloir « *expulser les crimes du nazisme de la trajectoire du monde occidental* ». Présentant « *les violences coloniales comme une première mise en pratique des potentialités exterminatrices du discours raciste moderne* », il ajoute : « *Certes, il ne s'agit pas de gommer la singularité de la violence nazie en l'assimilant tout simplement aux massacres coloniaux. Il s'agit plutôt de reconnaître qu'elle fut perpétrée au milieu d'une guerre de conquête et d'extermination entre 1941 et 1945, conçue comme une guerre coloniale au sein de l'Europe* ». « *Le nazisme*, insiste-t-il, *réalisait la rencontre et la fusion entre deux figures paradigmatiques : le juif, l'"autre" du monde occidental, et le "sous-homme", l'"autre" du monde colonisé.* »

La question coloniale, au cœur de la gauche française

Dans son expression partisane, sauf à ses marges minoritaires ou dans des sursauts éphémères, la gauche française n'a jamais été résolument anticolonialiste. De fait, la social-démocratie française, *via* la SFIO, ancêtre du Parti socialiste, porte la responsabilité des guerres coloniales qui, notamment en Algérie, ont retardé les indépendances en assumant des crimes dont la généralisation de la torture restera le symbole cruel. Aucun des responsables politiques concernés n'a eu à en rendre compte, à tel point que le premier d'entre eux, Robert Lacoste, gouverneur général et ministre de l'Algérie de février 1956 à mai 1958, fut tranquillement député puis sénateur socialiste jusqu'en 1980 avant de s'éteindre en 1989, à quatre-vingt-dix ans.

AUCUNE DE CES DEUX GRANDES FAMILLES, LES SOCIALISTES ET LES COMMUNISTES, N'EST PRÉSERVÉE DE CETTE IDÉOLOGIE PROFONDÉMENT COLONIALE.

Au-delà de ce cas pendable, le credo de la gauche française, dans sa diversité, est majoritairement assimilationniste, épousant le culte d'une République dont le grand Un (le pouvoir présidentiel) est aussi un grand Même (l'identité nationale). Aucune de ses deux grandes familles, les socialistes et les communistes, n'est préservée de cette idéologie profondément coloniale qui demande aux altérités de se défaire de ce qu'elles ont en propre, de particulier et de distinctif. Même quand s'expriment des solidarités, elles laissent transparaître une réticence à l'auto-organisation des premiers concernés par l'affirmation d'un «*fraternalisme*» condescendant et dominateur que dénonçait en 1956 Aimé Césaire dans sa *Lettre à Maurice Thorez*, lors de sa rupture avec le Parti communiste. Les tensions récurrentes sur une laïcité normative, trahissant la promesse libérale de la loi de 1905 qui faisait droit à la liberté des cultes minoritaires, tout comme les polémiques récentes sur les réunions «non mixtes», illustrent cette tendance lourde dont, aujourd'hui, la part musulmane de la population française fait les frais, invitée à l'être moins (musulmane) pour le devenir plus (française).

De fait, l'expression activiste d'un refus de la question coloniale, de son dépassement et de sa résolution, est aujourd'hui portée par un réseau venu des rangs de la gauche, sous l'intitulé «Printemps républicain». Leur idéologie est un retour en arrière qui ramène à la conférence déjà citée d'Ernest Renan en 1882, alors penseur officiel de l'ordre républicain, sur «Qu'est-ce qu'une nation?». Réponse: «*Une âme, un principe spirituel, un plébiscite de tous les jours.*» Or, une décennie auparavant, le même Renan écrivait ceci, dans *La Réforme intellectuelle et morale*: «*La colonisation en grand est une nécessité politique tout à fait de premier ordre. Une nation qui ne colonise pas est irrévocablement vouée au socialisme, à la guerre du riche et du pauvre. La conquête d'un pays de race inférieure par une race supérieure, qui s'y établit pour le gouverner, n'a rien de choquant.* [...] *Autant les conquêtes entre races égales doivent être blâmées, autant la régénération des races inférieures ou abâtardies par les races supérieures est dans l'ordre providentiel de l'humanité.*»

Ce propos et ces mots qui, aujourd'hui, seraient tenus pour d'extrême droite furent républicains. Il ne suffit donc pas de brandir «*la République*», une République sans adjectif, ni démocratique, ni sociale, ignorante de ses fautes et de ses crimes passés, pour ouvrir aujourd'hui l'horizon de l'espoir. Et encore moins de présenter la France comme une exception universelle qui pourrait tenir la dragée haute aux autres nations pour être au rendez-vous du monde, de ses défis et de ses urgences. C'est même tout le contraire: l'assurance d'une impasse et d'une impuissance.

IL NE SUFFIT PAS DE BRANDIR « *LA RÉPUBLIQUE* », UNE RÉPUBLIQUE IGNORANTE DE SES CRIMES PASSÉS, POUR OUVRIR L'HORIZON DE L'ESPOIR.

Tandis que le désastre afghan rappelle qu'aucun peuple ne saurait être converti de force à des idéaux démocratiques dont l'Occident s'arroge le monopole tout en les piétinant par sa folie guerrière, la gauche française doit aussi se souvenir que la longue présidence dont elle se réclame, celle de François Mitterrand durant quatorze longues années, fut aussi marquée par la persistance de l'aveuglement colonial. Commencée en 1982 par l'amnistie des généraux putschistes qui refusaient l'indépendance algérienne, elle s'est terminée en 1994 par la compromission avec les génocidaires rwandais. Si ces deux faits ne la résument pas, ils n'en soulignent pas moins l'héritage qui bouche l'horizon des gauches. Et qu'il serait urgent de solder.

LE SYNDROME OSS 117, OU LE FANTASME DE LA GRANDEUR NATIONALE

La France piégée
par le mythe de la « puissance »

PAR **François BOUGON**

Sourires satisfaits, postures arrogantes, clichés éculés proférés sur un ton de prophétie... Depuis son accession au pouvoir, Emmanuel Macron se voit fréquemment comparé à l'espion incarné par Jean Dujardin dans la saga OSS 117. Au-delà de l'amusant jeu de ressemblances et de dissemblances, le parallèle souligne un trait commun à nombre de ceux qui se préoccupent de la « place de la France » dans le monde. Qu'il s'agisse d'un (faux) agent secret aux allures de bouffon ou d'un (vrai) président de la République en fonction, tous semblent croire à la « grandeur » naturelle de la France.

L'altercation a eu lieu en juin 2018 dans le monde de l'avant-Covid. Celui où l'on ne portait pas de masques et où les QR codes servaient en de rares occasions : se renseigner sur les horaires de bus ou écouter les explications historiques dans le cadre d'un parcours organisé par le syndicat d'initiative d'une ville médiévale des bords de Loire…

En ce temps-là, le président Emmanuel Macron n'avait pas encore été affaibli par le mouvement de contestation des Gilets jaunes. Pour quelques mois encore, il pouvait arborer l'arrogance du jeune nouvel élu.

C'est avec cette assurance que le 18 juin 2018 il participe à une cérémonie sur le site du Mont-Valérien, dans la banlieue parisienne, le Mémorial de la France combattante depuis 1960. Il s'agit alors de commémorer l'appel du général de Gaulle à la résistance face à l'envahisseur allemand. En dépit de la solennité de l'événement, un adolescent ose, au passage du chef de l'État, un surprenant et incongru « *Ça va Manu ?* »

Que n'avait-il dit ? L'interpellé – qui a estimé un jour que la France était orpheline de la « *figure du roi* », un « *absent* » dont, selon lui, « *fondamentalement le peuple français n'a pas voulu la mort*[1] » – tança sur-le-champ l'auteur de ce crime de lèse-majesté, tel un maître d'école face à un élève turbulent. Alors que ce dernier, qui avait aussi entonné *L'Internationale*, s'excusait, le président poursuivait : « *C'est bien. Et tu fais les choses dans le bon ordre. Le jour où tu veux faire la révolution, tu apprends d'abord à avoir un diplôme et à te nourrir toi-même, d'accord ? Et à ce moment-là, tu iras donner des leçons aux autres.* »

« *NOTRE SEULE IDÉOLOGIE C'EST LA GRANDEUR DE LA FRANCE.* » (EMMANUEL MACRON, 9 JUILLET 2018)

Le maître avait parlé, le bain de foule se poursuivit. Sur les réseaux sociaux, la plèbe numérique se gaussait. Des esprits facétieux rapprochèrent la parole présidentielle des saillies d'un espion de fiction créé en 1949, juste après la Seconde Guerre mondiale, et remis à la mode, avec succès, ces dernières années par le cinéma : Hubert Bonisseur de la Bath, plus connu sous son nom de code, OSS 117[2].

En effet, se souvenait-on, dans l'un des films, *OSS 117. Rio ne répond plus*, l'agent du Service de documentation extérieure et de contre-espionnage (SDECE) fait lui aussi la leçon à une certaine jeunesse, hippie celle-là, sur une plage du Brésil et en pleine guerre froide. « *Changer le monde, changer le monde, vous êtes bien sympathiques*, leur lance-t-il, *mais il faudrait déjà vous lever le matin.* »

Un mois après l'incident du Mont-Valérien, c'est dans un autre lieu hautement symbolique, à Versailles, qu'Emmanuel Macron intervient devant le Parlement réuni en Congrès. Là encore, il s'adresse à « *la jeunesse* », jugeant que la France doit en finir « *avec ce renoncement où nous nous sommes enfermés depuis quarante ans qui voudrait que la France ne soit qu'une puissance moyenne* ». « *Notre seule idéologie c'est la grandeur de la France, n'en déplaise à certains*, assène-t-il avec emphase. *Et ce que nous construisons, n'en déplaise aux adeptes de l'immédiat, nous le faisons pour aujourd'hui mais aussi pour demain, c'est-à-dire pour la jeunesse, pour qu'elle grandisse, pour qu'elle grandisse dans un pays où elle puisse choisir sa vie, ressentir pleinement cette appartenance qui fait la force d'un peuple et contribuer librement à ce projet qu'on appelle une nation.* » OSS 117 n'aurait pas mieux dit.

Assumer l'héritage du général de Gaulle à tout prix

Ce jeu de la comparaison, s'il peut paraître à la fois outrancier et réducteur, nous révèle une part de cet héritage que porte, consciemment ou inconsciemment, chaque dirigeant français depuis le départ du général de Gaulle en 1969. Comme l'a relevé le *New York Times*, qui s'est intéressé à *OSS 117. Alerte rouge en Afrique noire*, dernier volet de la série sorti début août 2021, ces films « *montrent une puissance impériale déclinante capable de se moquer d'elle-même et de sa propre difficulté d'adaptation à un monde en mutation*[3] ».

Dans ce dernier opus, le réalisateur Nicolas Bedos joue ainsi avec les clichés colonialistes et racistes qui allaient bon train dans les années 1970. Si *Libération* n'a pas apprécié[4], *Le Figaro* a adoré humer « *un irrépressible parfum de nostalgie* » dans ce film d'époque où, « *n'étaient les frasques de son représentant, la France tient son rang, elle a de l'influence*[5] ». On s'y moque du paternalisme envers les Africains : « *Ce sont nos amis, ce sont nos frères quasiment* », déclare le directeur du SDECE.

Vieille histoire ? Pas si sûr. Que l'on songe au déplacement d'Emmanuel Macron en avril 2021 à Ndjamena pour adouber Mahamat Idriss Déby, fils et successeur du dictateur Idriss Déby Itno, mort quelques jours plus tôt, et cela en contravention flagrante avec les dispositions constitutionnelles tchadiennes. Ou bien à ses visites successives au Liban. Juste après l'explosion le 4 août 2020 d'un stock de nitrate d'ammonium dans le port de Beyrouth, provoquant plus de 190 morts et une énorme crise politique, le président français se présente en sauveur suprême du pays du Cèdre et s'immisce littéralement dans la vie publique. « *Comme s'il en avait l'autorité, il annonce qu'il proposera un nouveau pacte politique national, appelle à la nomination immédiate d'un nouveau Premier ministre et à la formation d'un gouvernement de mission. Oubliant apparemment le rôle de la France dans l'adoption en 1943 de ce pacte, révisé en 1989* », explique, quelques mois plus tard, un politique libanais à René Backmann[6].

LA SÉQUENCE LIBANAISE ILLUSTRE LE DÉCALAGE CROISSANT ENTRE LE DISCOURS VOLONTARISTE DES DIRIGEANTS FRANÇAIS ET LA PORTÉE VÉRITABLE DE LEURS ACTES.

Ni la Syrie ni Israël, qui pourraient sembler des dossiers diplomatiques d'importance pour un pays membre du Conseil permanent du Conseil de sécurité de l'Organisation des Nations unies, ne semblent soulever la même passion ni le même intérêt que le Liban. Emmanuel Macron s'y rend donc une deuxième fois fin août 2020. Il tweete : « *Libanais, vous êtes comme des frères pour les Français. Je vous en ai fait la promesse : je reviens à Beyrouth pour faire le point sur l'aide d'urgence et bâtir avec vous les conditions de la reconstruction et de la stabilité.* » On croit rêver. Il promet aux Libanais un nouveau gouvernement durant les quinze jours. Dans le quartier de Gemmayzé, devant les habitants encore sonnés par le drame, il appelle à changer le « *système politique* ».

Un an après ce discours tout en autorité, il faut bien reconnaître que le bilan est bien maigre. Le Liban s'enfonce de jour en jour dans une crise sociale, politique et économique qui semble insoluble.

Au fond, que nous dit cette séquence libanaise ? Elle illustre, une nouvelle fois, le décalage croissant entre le discours volontariste que peuvent tenir les dirigeants français et la portée véritable de leurs actes. Un décalage souvent cruel, car leur volonté d'assumer l'héritage du général de Gaulle à tout prix, en reproduisant ses gestes avec fracas, ne produit plus guère de résultats. On a l'impression d'assister à une pièce de théâtre surannée avec des acteurs de moins en moins crédibles. Le monde a changé mais nous campons sur nos certitudes, au nom de la préservation de notre rang et d'une certaine idée d'une France messianique. Nous courons après notre « grandeur » perdue. De quoi en effet, par contraste, faire rire les jeunes générations, public conquis par OSS 117.

Une « grandeur » façonnée par la guerre froide

Cette idée d'une destinée française à l'échelle planétaire est née à l'orée de la guerre froide. À cette époque, Charles de Gaulle, dirigeant de la France libre, avait réussi le tour de force de faire oublier l'ignominie de la France de Pétain et la honte de la collaboration avec les occupants nazis. Il avait été absent des réunions qui, en novembre-décembre 1943, dessinaient le monde d'après : la conférence du Caire réunissant l'Américain Franklin Roosevelt, le Britannique Winston Churchill et le Chinois Tchang Kaï-shek, et celle de Téhéran, où les deux premiers retrouvèrent le Soviétique Joseph Staline. Mais le Général fit quand même asseoir le pays à la table des vainqueurs au sortir du conflit mondial. Tenace, il obtint l'un des cinq sièges permanents, aux côtés des États-Unis, de l'Union soviétique, de la Grande-Bretagne et de la Chine, au Conseil de sécurité du nouvel organisme international, l'Organisation des Nations unies.

TOUT-PUISSANT, LE CHEF DE L'ÉTAT ÉCARTE LE PARLEMENT DE SON DOMAINE RÉSERVÉ QU'EST LA DIPLOMATIE, DONT IL REVENDIQUE LA DIRECTION.

Puis, dès son retour au pouvoir en 1958, il s'attache à faire rêver une nation traumatisée par la perte de son empire. Cet empire que les dirigeants français de l'après-guerre – le Général lui-même, puis les chefs des gouvernements successifs de la IVe République –, avaient essayé de préserver à tout prix, réprimant impitoyablement les mouvements de décolonisation en Indochine, en Tunisie, au Maroc, à Madagascar, au Cameroun et en Algérie. Tous étaient persuadés que le maintien de la France parmi les grands de ce monde en passait par là, quitte à faire couler le sang et à épuiser les finances du pays.

Chef de la Ve République, de Gaulle finit d'ailleurs par accorder l'indépendance à l'Algérie en 1962, malgré l'opposition d'une partie de la droite et de l'extrême droite qui ne lui pardonneront jamais. Il n'est alors plus possible d'imposer son « influence » au monde comme le font alors les deux superpuissances états-unienne et soviétique. D'un empire mondial de 110 millions d'habitants couvrant 13 millions de kilomètres carrés, la France est devenue une puissance moyenne de 66 millions de Français et de près de 120 000 km^2. Cherchant à faire passer la pilule, le général de Gaulle ose un pari qui se résume en un mot : la « *grandeur*[7] », laquelle s'affirme dans l'ostentation de la souveraineté et de l'indépendance de la France. Un discours qui résonne particulièrement dans le tout nouveau cadre de la Ve République, monarchie républicaine et nucléaire[8]. Le président de la République élu au suffrage universel à partir de 1965 est le gardien de la dissuasion atomique. Tout-puissant, il écarte le Parlement de son domaine réservé qu'est la diplomatie, dont il revendique la direction.

Sur le plan diplomatique tout d'abord, entre Washington et Moscou, les « deux blocs », de Gaulle revendique une politique autonome, ce qui lui vaut les critiques des « atlantistes », partisans d'une alliance renforcée avec les Américains. En 1966, il affirme cette voie en se retirant du commandement intégré de l'Organisation du traité de l'Atlantique nord (OTAN), la structure mise en place par les Américains et leurs alliés dans le but de contenir la menace communiste. À son homologue américain, Lyndon B. Johnson, il explique que « *la France se propose de recouvrer sur son territoire l'entier exercice de sa souveraineté, actuellement entravé par la présence permanente d'éléments militaires alliés ou par l'utilisation qui est faite de son ciel, de cesser sa participation aux commandements intégrés et de ne plus mettre de forces à la disposition de l'OTAN* ».

Au nom de cet entre-deux entre le « monde libre » et le bloc soviétique, il fait entendre sa différence sur nombre de dossiers. En janvier 1964, Paris est ainsi l'une des premières capitales européennes à reconnaître la Chine communiste – après Londres – et la toute première à y envoyer un ambassadeur. « *La Chine meurt d'envie d'être reconnue* [...]. *Les Soviets sont devenus ses adversaires et les États-Unis le sont restés.* [...] *Ils ne voient aucun autre interlocuteur que la France.* [...] *La France existe. Elle est indépendante, elle est pour la Chine une réalité et même la seule* », argumente-t-il.

Un jeune étudiant de Sciences Po et de Langues O, qui se destine à l'École nationale d'administration (ENA), s'enthousiasme en écoutant de Gaulle justifier sa décision à la télévision. Claude Martin, qui, quelques mois plus tard, sera envoyé à l'ambassade de France à Pékin dans le cadre de son service militaire, se réjouit. « *J'en étais sûr, nous allions, avec de Gaulle, vivre de grandes choses*, note-t-il dans ses Mémoires. *Il était si différent de tous les individus médiocres qui avaient, tout au long de mes années d'enfance, occupé le devant de la scène ! Il avait mis fin à l'aventure coloniale, redressé les finances du pays, réorganisé l'administration et relancé le projet européen. C'était surtout sa politique étrangère qui me plaisait. La France avait dans le monde une voix écoutée, sa diplomatie portait un message. Elle plaidait partout pour le dialogue, la fin des blocs, la reconnaissance des réalités. La main tendue à la Chine en était l'expression la plus récente, et la plus spectaculaire. La plus courageuse aussi, tant elle avait suscité d'oppositions, et provoqué de fracas*[9]. »

LE PAYS ENTRE AVEC EXALTATION DANS LES TRENTE GLORIEUSES, SLALOMANT ENTRE SON ALLIÉ AMÉRICAIN ET LE RIVAL SOVIÉTIQUE.

La France se remet donc à rêver et elle croit au renouveau. Le pays entre avec exaltation dans les Trente Glorieuses, slalomant entre son allié américain et le rival soviétique. Tout semble possible. Malgré la décolonisation, elle maintient sa présence en Afrique, son pré carré, soignant ses affidés et ses réseaux politico-économiques. La Françafrique, notion censée être positive à l'origine, finira par désigner cette relation néocoloniale entretenue par des réseaux d'influence occulte, dont l'une des éminences grises est Jacques Foccart.

Une politique de prestige, sur le terrain diplomatique et économique

Pendant que les barbouzes s'affairent dans l'ombre, de Gaulle porte la voix d'une France indépendante d'un bout à l'autre de la planète. Il soigne ses déplacements. Il se rend près d'un mois en Amérique latine, dans la zone d'influence des États-Unis, entre le 21 septembre et le 16 octobre 1964. Dans toutes les capitales visitées, il met en scène cette illusion de l'« exceptionnalisme » français. Il fustige la « *concurrence acharnée des idéologies* » entre Américains et Soviétiques, leur « *rivalité passionnée* ». On l'écoute poliment, mais la réception est froide. Le président péruvien, Fernando Belaúnde Terry, le dit sans détour : « *Certes, nous aimons la France. Nous sommes à la fois intéressés et flattés par la visite du général de Gaulle. Mais la réalité s'impose : nous dépendons, pour l'aide extérieure, des États-Unis qui contrôlent, par ailleurs, directement ou indirectement, une partie importante de notre production.* » De Gaulle n'en a cure. Il poursuit sa mission.

Deux ans plus tard, au Cambodge, le général de Gaulle irrite de nouveau les Américains. Non loin de là, au Viêtnam, la guerre fait rage. Les Français, vaincus en 1954, ont laissé la place aux troupes états-uniennes. Mais de Gaulle non seulement reçoit à Phnom Penh le délégué général de la République du Viêtnam du Nord, Nguyen Thong, représentant des adversaires de Washington, mais il se permet de sermonner les États-Unis, depuis un stade de la capitale cambodgienne. « *La France considère que les combats qui ravagent l'Indochine n'apportent, par eux-mêmes et eux non plus, aucune issue. Suivant elle, s'il est invraisemblable que l'appareil guerrier américain vienne à être anéanti sur place, il n'y a, d'autre part, aucune chance pour que les peuples de l'Asie se soumettent à la loi de l'étranger venu de l'autre rive du Pacifique, quelles que puissent être ses intentions et si puissantes que soient ses armes. Bref, pour longue et dure que doive être l'épreuve, la France tient pour certain qu'elle n'aura pas de solution militaire.* »

Les incidents diplomatiques ne sont jamais loin. Au Québec en 1967, emporté par la passion, il explique ressentir la même atmosphère qu'à la Libération. Et dans la revendication indépendantiste des Québécois, il voit l'empreinte de la France. « *Que le pays d'où vos pères sont venus et qui, lui-même, après de terribles épreuves, se trouve en plein essor de renouvellement, fournisse son concours à ce que vous entreprenez, rien aujourd'hui n'est plus naturel et rien ne le sera demain davantage que la part que les savants, les artistes, les cadres que vous êtes en train de former, prendront à*

DU PAQUEBOT *FRANCE* AU TGV EN PASSANT PAR LE CONCORDE ET LE PARC NUCLÉAIRE CIVIL, CES INNOVATIONS DONNENT L'IMAGE D'UNE FRANCE D'APRÈS-GUERRE AYANT RETROUVÉ SA PUISSANCE ÉCONOMIQUE.

la marche en avant d'une France qui se rajeunit », explique-t-il au dîner officiel. Le célèbre « *Vive le Québec libre* », lancé depuis le balcon de l'hôtel de ville de Montréal, lui vaut les foudres des Canadiens.

Parmi les caractéristiques de cet exceptionnalisme français figure aussi une politique économique centrée sur des investissements de prestige, souvent publics, visant à maintenir le pays dans la « course au progrès » international qui fait rage pendant les Trente Glorieuses. Du paquebot *France* au TGV en passant par le Concorde et le parc nucléaire civil, ces innovations donnent l'image d'une France d'après-guerre ayant retrouvé sa puissance économique et prête à affronter la concurrence internationale, qu'elle accepte désormais, avec la création du marché commun (1957) et de l'union douanière européenne (1968).

Mais la politique de prestige économique du général de Gaulle est d'abord sa politique monétaire. Après la création du « nouveau franc » qui, en 1960, ôte deux zéros au franc Germinal et le replace à une valeur proche de celles des « monnaies fortes », de Gaulle lance en 1965 un ultimatum aux États-Unis, pilier avec le dollar du système de Bretton Woods, en proposant le retour à l'étalon-or. Et, joignant le geste à la parole, Paris rapatrie ses réserves d'or encore stockées aux États-Unis.

Enfin, pour couronner le tout, Paris affirme son *soft power*. Cette influence culturelle s'exerce à travers les réseaux de l'Alliance française, vénérable institution fondée en 1884 sous forme d'association nationale afin de propager la langue française dans les colonies et à l'étranger. Sous l'égide du ministre de la Culture de De Gaulle, l'écrivain André Malraux, les Maisons de la culture essaiment en France et artistes et intellectuels sont soutenus.

Un discours de puissance désormais éloigné des réalités

Un demi-siècle plus tard, le monde bipolaire de la guerre froide a vécu. Tout cet édifice craquelle. Cela avait commencé avec la politique de prestige économique, qui avait des fondements fragiles. Dès 1969, il faut dévaluer le franc qui, soumis à une inflation de plus en plus forte, aura le plus grand mal à s'arrimer au mark dans le nouvel environnement de change flottant. Les années 1970 montrent, au reste, le caractère de simple « vitrine » des grandes réalisations industrielles françaises.

L'émergence de nouveaux concurrents internationaux à bas coûts dévaste le cœur de l'industrie nationale, du textile à la sidérurgie. La nouvelle stratégie économique est alors centrée sur l'idée de maintenir l'illusion de la grandeur malgré une désindustrialisation qui, dans les années 1980 et 1990, est presque encouragée par les politiques publiques. En juin 2001, le P-DG d'Alcatel Serge Tchuruk fait miroiter l'« *entreprise sans usine* ».

La grandeur économique de la France ressemble alors de plus en plus à une usine Potemkine. En devanture, quelques « champions » nationaux ou européens comme Airbus, des grandes banques, des entreprises de luxe. Mais derrière la façade, la réalité est davantage celle d'une subvention massive d'emplois peu qualifiés dans les services et d'un chômage de masse endémique. Désindustrialisée en profondeur, la France affiche à partir de 2002 un déficit commercial croissant.

Sa puissance tient désormais à sa capacité de consommer les productions étrangères. La France est un gros client et dispose donc, en cela, d'une vraie capacité d'influence. Mais aucun politique ne saurait le reconnaître. La « grandeur » exige que le pays soit un grand producteur. Comme l'a montré le plan de relance présenté en 2020, les politiques économiques françaises restent gouvernées par deux mythes : le gaullien avec les grands projets et les champions nationaux et le néolibéral avec l'obsession de la baisse du coût du travail. Les deux ont échoué, mais personne en France ne semble capable d'en prendre conscience. Reste donc un discours de puissance, très éloigné de la réalité.

Dans le champ diplomatique, les successeurs du Général ont tenté de se distinguer portant, au gré des événements, les revendications de différentes écoles en matière de diplomatie : souverainiste, réaliste, internationaliste, etc. Mais sur la question de la grandeur et de la singularité française, la geste gaullienne reste de mise.

Que penser de la pérennité de cet héritage dans un monde qui, lui, a beaucoup changé depuis les années 1960 ? Il serait abusif de n'y voir qu'un triste comique de répétition. C'est cette idée de la « grandeur » qui a heureusement inspiré Jacques Chirac et son ministre des Affaires étrangères Dominique de Villepin lorsqu'ils se sont opposés à l'intervention américaine en Irak en 2003.

L'Histoire retiendra le discours de ce dernier à l'ONU devant le Conseil de sécurité, le 14 février 2003, comme un acte à la fois de courage et de panache, mais aussi de lucidité. « *L'option de la guerre peut apparaître* a priori *la plus rapide*, prévenait le chef de la diplomatie française. *Mais n'oublions pas qu'après avoir gagné la guerre, il faut construire la paix. Et ne nous voilons pas la face : cela sera long et difficile, car il faudra préserver l'unité de l'Irak, rétablir de manière durable la stabilité dans un pays et une région durement affectés par l'intrusion de la force.* »

Faire le deuil de l'interventionnisme militaire... et des fantasmes gaulliens

Par la suite, on le sait, oubliant les leçons de l'intervention malheureuse des Américains en Irak, non seulement la France est rentrée dans le rang, mais elle s'est lancée dans des opérations extérieures, de la Libye au Sahel.

PERSONNE NE SEMBLE CAPABLE DE PRENDRE CONSCIENCE DU DOUBLE ÉCHEC DU MYTHE GAULLIEN ET DU MYTHE NÉOLIBÉRAL.

Chaque fois avec la conviction qu'elle maintenait ainsi son statut et qu'elle était fidèle à son image, celle d'un pays qui a les moyens de se faire entendre et respecter.

La politique de la canonnière, expérimentée par les puissances coloniales au XIXe siècle, puis appliquée de plus en plus après la chute du mur de Berlin et la dislocation de l'empire soviétique, se solde pourtant par des échecs successifs. Rémi Carayol documente depuis plusieurs années dans les colonnes de Mediapart l'enlisement de l'opération Barkhane menée au Sahel par l'armée française depuis 2014 et qui a coûté la vie à plus de cinquante soldats français et beaucoup plus de civils locaux. En février 2021, il se demandait si elle n'était pas devenue « *une opération sans fin* » avec « *un ennemi insaisissable, dans un contexte hostile et mouvant que ni la diplomatie ni l'appareil militaire français ne seraient en mesure de maîtriser* »[10].

Faire son deuil de l'interventionnisme militaire ne signifie pas pour autant basculer dans l'indifférence ou un isolationnisme trumpien en piétinant ses valeurs. Bien au contraire. Mais cette troisième voie passe par l'abandon de l'« *universalisme de surplomb* » de façon à aboutir, comme le souligne l'historien Antoine Lilti, interrogé sur France Culture, à « *un "universalisme latéral", pour reprendre le mot de Maurice Merleau-Ponty, qui passe par la prise en compte de la diversité des cultures, des sociétés, des expériences humaines, ou encore un "universalisme de la traduction" selon la belle expression du philosophe sénégalais Souleymane Bachir Diagne*[11] ».

La chute rapide de Kaboul aux mains des talibans, le 15 août 2021, et la décision de Joe Biden, le président américain, de retirer ses troupes, annoncent peut-être, du côté américain, une volonté d'en finir avec ces interventions incessantes. Le réveil est certes douloureux : les Afghans qui avaient cru aux promesses des Occidentaux ont été trahis et les conséquences à court terme seront dramatiques. Mais, à long terme, l'effet sera peut-être salutaire et les leçons de ces « guerres sans fin » finalement tirées. On retiendra alors qu'en cet été 2021, Joe Biden a su dire non à l'hubris impérial qui a causé tant de malheurs au Proche-Orient et en Afghanistan[12].

Avant la débâcle en Afghanistan, les responsables français refusaient toute comparaison entre la situation de ce pays asiatique et celle du Sahel. Ils s'en agaçaient même, refusant que l'on évoque un enlisement. Mais le 10 juin dernier, Emmanuel Macron a décrété « *la fin de l'opération Barkhane en tant qu'opération extérieure* » et sa transformation en « *opération d'appui, de soutien et de coopération aux armées des pays de la région* ». L'armée française n'a pas encore quitté la bande saharo-sahélienne. Loin de là.

Sur le terrain, la situation est loin de correspondre aux communiqués de victoire publiés régulièrement par le ministère des Armées. Or, cet écart entre les discours officiels, plein de références à la grandeur et aux droits humains, et la réalité – une diplomatie au service des industries d'armement s'illustrant par le tapis rouge déroulé au dictateur égyptien Abdel Fattah al-Sissi, décoré en toute discrétion du plus haut grade de la Légion d'honneur[13] – ne peut que nourrir une défiance encore plus grande des Français envers leurs dirigeants[14]. Olivier Schmitt, directeur des études à l'IHEDN (Institut des hautes études de défense nationale), évoque un «*piège rhétorique* [qui] *est en partie à l'origine de la morosité française actuelle*». Cependant, cela reste ambigu: dans le même temps, une majorité d'entre eux ne se montre-t-elle pas toujours «fière» quand la France se comporte en «grande puissance»?

Tout reste donc à imaginer, en particulier à gauche de l'échiquier politique français. Il faudra en finir avec l'héritage gaullien, ce qui n'ira pas sans heurts ni controverses, alors que l'ère de la domination des puissances occidentales, qui a commencé il y a près de deux cents ans, s'achève. Tout comme aux États-Unis, la tâche s'avère compliquée en France, qui a bien du mal à abandonner sa mission messianique. Preuve s'il en est, en 2015, devant les ambassadeurs réunis à Paris, le président François Hollande, quelques mois après les attentats qui avaient frappé la capitale française, jugeait que les terroristes avaient frappé la France car elle est porteuse des valeurs de développement, de sécurité et de paix. Avant d'ajouter: «*Mais c'est parce que nous sommes dépositaires de cette grande idée de progrès, j'allais dire de cette grande idée de la France pour le monde, que beaucoup de pays nous marquent leur solidarité et que beaucoup de peuples nous témoignent leur reconnaissance.*» Même son de cloche chez Jean-Luc Mélenchon, qui écrivait sur Twitter le 5 mars 2015: «*La France est grande parce qu'elle est universelle et qu'elle dit: Liberté-Égalité-Fraternité.*» Sempiternelle rengaine de l'exception française… Le renouveau viendra, il faut l'espérer, de l'audace des nouvelles générations, de l'émergence de voix nouvelles – et plus féminines – en mesure de rompre avec les discours d'autoflagellation sur le déclin et l'impuissance de la France. Et surtout d'en finir avec l'idéal fantasmé du gaullisme.

1. É. Fottorino, L. Greilsamer et A. Van Reeth, «"J'ai rencontré Paul Ricœur qui m'a rééduqué sur le plan philosophique." Grand entretien avec Emmanuel Macron», *Le 1*, 8 juillet 2015.
2. H. Cailloux, «Emmanuel Macron a-t-il des points communs avec l'agent OSS 117? On a vérifié», www.francetvinfo.fr, 19 juin 2018.
3. N. Onishi, «A popular's comedy's return in France exposes growing divides», *The New York Times*, 14 août 2021.
4. J. Gester et S. Onana, « "OSS 117": SOS, le rire ne répond plus», *Libération*, 3 août 2021.
5. É. de Montety, «OSS 117: "Notre agent très spécial"», *Le Figaro*, 3 août 2021.
6. R. Backmann, «La diplomatie selon Macron, le coup d'éclat permanent», Mediapart, 15 novembre 2020.
7. M. Vaïsse, *La Grandeur. Politique étrangère du général de Gaulle*, CNRS éditions, Paris, 2013 [nouvelle édition].
8. S. Cohen, *La Monarchie nucléaire*, Hachette, Paris, 1986; J. Guisnel et B. Tertrais, *Le Président et la Bombe*, Odile Jacob, Paris, 2016.
9. C. Martin, *La Diplomatie n'est pas un dîner de gala. Mémoires d'un ambassadeur*, L'Aube, La Tour-d'Aigues, 2018.
10. R. Carayol, «Barkhane, une opération dans l'impasse», Mediapart, 15 février 2021.
11. La «critique des Lumières», «Signes des temps», France Culture, 5 avril 2020.
12. F. Bougon, «Le moment Kaboul», Mediapart, 17 août 2021.
13. R. El Azzouzi et A. Lavrilleux, «Emmanuel Macron décore en douce le dictateur égyptien Sissi», Mediapart, 10 décembre 2020.
14. O. Schmitt, «Decline in denial: France since 1945», *in* F. Mérand (dir.), *Coping with Geopolitical Decline. The United States in European Perspective*, McGill-Queen's University Press, Montreal & Kingston, 2020.

L'INNOVATION, POTION MAGIQUE DE L'ÉCONOMIE FRANÇAISE ?

Des Trente Glorieuses à nos jours,
la grande illusion du progrès

PAR **Romaric GODIN**

L'innovation ! Serait-elle le secret qui garantira la croissance et les emplois ? Ou même la clé permettant de sauver la planète et le capitalisme ? La recette miracle en vue de maintenir notre mode de vie en dépit des crises sociale et écologique ? L'innovation permettrait donc de régler la question économique facilement. Mais cette vision d'avenir radieux remplit surtout la fonction de sauvegarder un ordre néolibéral en crise profonde. Et c'est là sa faiblesse : la crise du capitalisme contemporain pourrait bien ne pas se laisser résoudre par la théologie néoschumpétérienne qui refuse de s'appliquer à elle-même sa propre théorie de la destruction créatrice.

Même ses plus grands défenseurs doivent l'admettre. Le système de production capitaliste peine, depuis quelques décennies, à remplir ses promesses. Les inégalités se sont creusées un peu partout. Ballottée entre crises brutales et euphories démesurées, la finance semble folle. La croissance reste molle malgré le soutien continu et inédit des banques centrales. Des formes d'exploitation parmi les plus rudes se développent dans les pays dits avancés, frappant une population toujours plus large de travailleurs précaires et appauvris. Des monopoles géants, dans le numérique ou ailleurs, deviennent parfois plus puissants que les États. Et, surtout, la logique d'accumulation qui préside à tout cela entre en conflit évident avec la crise climatique qui, chaque jour, s'aggrave et menace l'humanité.

Même l'hebdomadaire du monde des affaires *Challenges* reconnaît, en couverture, le 2 juin 2021 : « *le capitalisme* » est « *en défaut* ». Le journal fait alors la publicité d'un événement organisé par la Toulouse School of Economics, cœur de la pensée libérale française, fondée par le « Prix Nobel d'économie » Jean Tirole [1]. Ce dernier fustige les « *nombreuses défaillances de l'économie de marché* » et appelle à y « *remédier* » afin de « *sauver le bien commun* ». Est-ce à dire que le capitalisme, terme que Tirole se garde bien d'employer et qui fait encore peur à de nombreux économistes, mettrait en danger le « *bien commun* » ?

Le paradoxe n'est pas mince. Il avait été souligné à juste titre par l'économiste serbo-états-unien Branko Milanović dans son livre

Le Capitalisme sans rival[2]. Voici un mode de production devenu hégémonique et dont la domination n'est plus guère remise en cause par l'immense majorité de la population mondiale, mais qui semble pourtant ne plus pouvoir accomplir sa promesse initiale. Résoudre cette contradiction n'est pas une tâche aisée lorsque l'on refuse de modifier le mode de production, autrement dit de s'appuyer sur la loi de la valeur et la propriété privée des moyens de production. Alors, les économistes tentent de trouver des solutions susceptibles de « réactiver » le capitalisme et de lui rendre ses vertus supposées.

La solution la plus populaire parmi les élites, c'est « *l'innovation* ». Les responsables politiques n'ont que ce mot à la bouche. Cette « *innovation* » semble dotée de toutes les vertus et capable de dénouer le paradoxe que l'on vient de décrire. Avec elle, la crise climatique se transforme en « *croissance verte* », les inégalités laissent place aux « *opportunités* » et la crise du capitalisme à une nouvelle phase de croissance. Pas de problème économique, donc, sans que l'innovation n'en soit la solution miracle. Si elles veulent parvenir au bonheur, les nations doivent devenir des *start-ups* et les métropoles des *smart cities*.

Le retour de Schumpeter

Cette magie innovatrice fonctionnerait selon la loi de la « *destruction créatrice* », théorisée jadis par l'économiste autrichien Joseph Schumpeter (1883-1950) et désormais reprise par un courant d'économistes très influents.

Schumpeter est un économiste complexe, hétérodoxe par sa conception dynamique de l'histoire et orthodoxe par son attachement au principe d'équilibre global de l'économie. Son idée centrale reprenait la vision de Karl Marx quant au mouvement du capitalisme. Marx a beaucoup insisté sur la capacité de celui-ci à intégrer le progrès technique dans sa dynamique. C'est ce mouvement qui permettait de contrer – temporairement – les contradictions qui travaillent la loi de la valeur entre exploitation du travail et production de plus-value. Le progrès permettait d'augmenter la productivité du travail et d'ouvrir de nouveaux marchés. C'est pour cette raison que Marx a toujours défendu l'idée que le capitalisme avait pour fonction historique de développer les forces productives nécessaires à l'émergence du socialisme.

Schumpeter a repris cette idée en la modifiant : le progrès technique s'inscrit dans l'économie par de grandes phases durant lesquelles tout le système productif change. Les firmes innovantes imposent une nouvelle norme qui rend les anciennes caduques. Une fois le chemin de fer posé, la diligence finit par disparaître. Le chemin de fer amène avec lui la réduction du temps de trajet et la mise en relation de ressources nouvelles avec des besoins nouveaux. Les emplois et les capitaux détruits par la nouveauté trouvent alors à s'employer aisément et un nouvel équilibre se construit. L'économie dans son ensemble se modifie et, avec elle, tout le système de valeur.

Selon Schumpeter, fasciné par les histoires d'inventeurs du XIXe siècle, les entrepreneurs sont les moteurs de ce changement. L'entrepreneur schumpétérien est un personnage complexe qui a le goût de la nouveauté et de la recherche. Mais, fondamentalement, s'il participe à la destruction créatrice, c'est parce qu'il souhaite faire fortune et se forger une nouvelle rente liée à son innovation dès lors qu'elle sera devenue un nouveau standard. Si l'entrepreneur n'est pas un simple capitaliste, il est bien *aussi* un capitaliste. Sans espoir de se constituer une rente, autrement dit un revenu automatique, il n'agit pas. Le principe de la destruction créatrice est de permettre un renouvellement des bénéficiaires de rentes grâce à de nouvelles innovations qui deviennent dominantes. Dans l'esprit de Schumpeter, l'innovation permet donc un renouvellement de la classe bourgeoise (qui la «*revivifie*») en écartant les héritiers des entrepreneurs de jadis. Un entrepreneur innovant n'est donc pas un simple inventeur. C'est de cette façon que l'économiste autrichien réintroduit la «*main invisible*» dans son modèle: l'entrepreneur cherche la rente et, ce faisant, permet d'améliorer le bien-être collectif en améliorant l'offre productive.

Schumpeter pensait qu'*in fine*, ce processus, qu'il voyait comme étant le capitalisme authentique et la seule source de vrai profit, était condamné. La destruction créatrice est le produit d'un subtil équilibre entre la possibilité de la rente qui motive l'innovateur et la capacité de cet innovateur à renverser les rentes existantes. Afin d'être agissante, la destruction créatrice doit promettre à l'entrepreneur qu'il dispose d'une chance de se forger un revenu à la fois conséquent et automatique. Mais pour que cela soit possible, il faut que les rentes déjà en place puissent être fragilisées. Le sens de l'histoire, selon Schumpeter, c'est que les détenteurs de rentes existantes finissent par se protéger du risque que représentent les entrepreneurs et les empêchent d'agir en s'appuyant sur l'État. Le progrès devient «*automatisé*», géré en interne par les grands industriels. Mais cette rente protégée empêche le développement de la vraie source de profit qu'est la destruction créatrice. La bourgeoisie perd alors, explique Schumpeter, «*non seulement son revenu mais, ce qui est encore plus grave, sa raison d'être*[3]». Elle devient une classe de valets des grands rentiers. C'est une des raisons qui fait que le capitalisme, conçu comme processus de destruction créatrice, ne peut pas survivre.

La destruction créatrice comme remède à tous les maux

Dans la situation actuelle, les néoschumpétériens reprennent les idées de leur maître afin de conjurer sa prophétie sur le destin du capitalisme. Leur chef de file est incontestablement Philippe Aghion, souvent cité comme possible «Nobel d'économie» et titulaire depuis 2015 d'une chaire au Collège de France. Dans son dernier ouvrage, coécrit avec Céline Antonin et Simon Bunel, *Le Pouvoir de la destruction créatrice*, sorte de vulgarisation de ses travaux théoriques, il défend l'idée que le salut du monde dépend de la réactivation du capitalisme, autrement dit de la relance de l'innovation et du phénomène de destruction créatrice.

C'est la seule réponse à même de relever le défi écologique et social tout en développant encore davantage le niveau de vie. La destruction créatrice permettrait ainsi de faire toujours plus avec toujours moins et donc de dépasser la malédiction des ressources limitées et de la planète finie tout en créant de nouveaux emplois plus qualifiés. La destruction créatrice, soulignent les auteurs, «*permet non seulement de remplacer une technologie par une autre, mais aussi de changer radicalement de mode de production*». C'est de ce «*changement radical*» que le monde aurait besoin[4].

Le cœur du discours néoschumpétérien est double : le capitalisme serait, s'il est authentique, la solution aux problèmes de notre temps et nullement leur cause. Afin de sauver le monde et la société, il faudrait donc d'abord sauver le capitalisme, y compris et même surtout de lui-même. Perdus dans le confort douillet de la rente, les capitalistes contemporains seraient en effet sur le point de perdre «*leur raison d'être*». Et c'est ici que l'État doit intervenir. C'est d'ailleurs un réflexe régulier et traditionnel des capitalistes lorsque la crise survient que d'en appeler à la puissance publique.

Cependant, les disciples modernes de Schumpeter, comme leur maître, ne sont guère adeptes des interventions directes de l'État ou de la production dirigées. L'économiste autrichien, qui avait été dans les années 1920 un ministre des Finances très sévère de la jeune république alpine, était un critique virulent du *New Deal* rooseveltien. Comme ses compatriotes Friedrich von Hayek et Ludwig von Mises, il y voyait un embryon de socialisme et de «*progrès automatisé*».

Les néoschumpétériens comme Philippe Aghion sont en apparence plus modérés. Mais, en réalité, leurs positions reposent sur l'idée de bannir toute intervention directe de l'État dans le processus de destruction créatrice qui ne peut qu'être le produit de l'entrepreneur innovant. L'État est là pour «*inciter*», principalement par le biais fiscal. C'est pour cette raison que Philippe Aghion avait défendu la réforme de la fiscalité sur les revenus du capital de 2018. Il en avait même soufflé l'idée à Emmanuel Macron. En supprimant l'impôt de solidarité sur la fortune (ISF) sur les investissements mobiliers et en réduisant l'impôt sur les revenus du capital, on incitait les entrepreneurs à innover en leur promettant des retours sur investissement moins taxés et donc plus juteux. De même, afin d'«inciter» à innover dans les technologies «vertes», il faut les subventionner et taxer les technologies «brunes».

L'État peut, parfois, investir directement, mais uniquement «*lorsque les coûts fixes sont importants et la demande incertaine*[5]», autrement dit lorsque le secteur privé ne peut pas innover. Mais, une fois les innovations réalisées et rentables, place au privé et aux entrepreneurs. L'État est donc la nécessaire béquille du capitalisme, son «*assureur*», qui garantit un cadre juridique et social permettant la destruction créatrice. Les néoschumpétériens ont, de ce point de vue, réalisé une synthèse entre la pensée de l'Autrichien et celle des ordolibéraux allemands. Très logiquement,

LA LECTURE DU BRÉVIAIRE NÉOSCHUMPÉTÉRIEN RESSEMBLE À S'Y MÉPRENDRE À CELLE D'UN MANUEL NÉOLIBÉRAL.

ils sont donc profondément attachés à la «*discipline budgétaire*» qui permet de faire jouer à l'État le rôle d'assureur en temps de crise[6].

La fonction sociale de l'État n'est donc pas de construire de la solidarité ou un quelconque équilibre entre travail et capital, mais bien plutôt d'accompagner le changement lié à la destruction créatrice. Il doit le faire en investissant dans une éducation permettant de préparer la future main-d'œuvre aux évolutions de l'offre, en assurant un «socle social» suffisant pour que chacun puisse «tenter sa chance», mais aussi en garantissant que les règles de la compétition soient respectées pour que les plus innovants puissent se substituer aux élites de l'«ancien monde». Si certains ont pu y voir un soutien à l'«égalité des chances», il ne faut pas s'y tromper. L'État n'est pas le lieu de la solidarité, c'est celui de la préservation des moteurs du capitalisme: compétition et adaptation. L'État garantit le cadre nécessaire à la bonne marche du capitalisme: on rejoint ici le cœur de la pensée néolibérale.

La justice sociale, la vraie, est ailleurs, elle est le produit de la destruction créatrice à l'œuvre dans un marché qui fonctionne «bien». À l'issue de toute destruction créatrice, il y a un nouvel équilibre créé par la concurrence. Et c'est cela qui produit la justice sociale: les entrepreneurs innovants viennent supplanter les élites anciennes, permettant ainsi une mobilité sociale fondée sur le «*mérite*». L'enjeu de la politique sociale n'est donc pas d'organiser des transferts sociaux mais de permettre le jeu normal de cette justice de marché.

D'ailleurs, à quelques «incitations» près, les néoschumpétériens sont favorables à la liberté de circulation du capital qui permet de financer les «bonnes» innovations où elles se trouvent, mais aussi au libre-échange, conçu comme «*stimulant pour l'innovation*[7]». Ils sont aussi, logiquement, favorables à la financiarisation de l'économie et reprennent en cela, en l'élargissant, la conception de Schumpeter qui voyait dans le crédit le carburant nécessaire à la destruction créatrice. Enfin, les grands équilibres budgétaires sont essentiels en temps normal pour pouvoir venir en aide, en cas de crise, aux entreprises.

Macron conquis par la théologie néoschumpétérienne

La lecture du bréviaire néoschumpétérien ressemble à s'y méprendre à celle d'un manuel néolibéral. Comme toujours, la «*régulation*» et la «*lutte contre les inégalités*» sont présentes à chaque page mais, en fin de compte, l'idée est bien de dire que c'est la vraie compétition, la concurrence idéalisée, qui produit un capitalisme capable de répandre le bonheur. Et que, partant, c'est bien le capitalisme dévoyé par les rentes, incarné par l'État et les monopoles, qui empêche le processus heureux de la destruction créatrice. Le rôle de l'État est donc d'abord de soutenir les entrepreneurs, ces héros qui font l'histoire et produisent le bien commun. Derrière ce discours, on retrouve la vieille « théorie du ruissellement » : baisser les impôts de « ceux qui réussissent » pour créer des emplois et de réussir la transition écologique.

Dans l'ouvrage déjà cité, Philippe Aghion et ses coauteurs prennent soin de se distinguer des « *modèles néoclassiques* » et de s'inscrire dans une vision « *progressiste* » qui permet de ménager à la fois le bon fonctionnement du capitalisme et l'exigence sociale. Mais c'est précisément la particularité du néolibéralisme que de remettre l'ensemble des forces sociales, étatiques et politiques au service du capital pour le bien supposé de toute la société. C'était déjà la promesse des années 1980-1990.

Cette pensée est à double face, tel un Janus économique : le discours est progressiste, la pratique néolibérale. Comme le discours sur la « *mondialisation heureuse* », dont il est le frère jumeau, il ne pouvait que séduire une gauche en perte de repères qui, après avoir rejeté ses références marxistes et keynésiennes, cherchait une « histoire progressiste » à vendre dans le contexte néolibéral.

L'aspect de téléologie heureuse de la destruction créatrice et de son « *pouvoir* » quasiment magique permettait de répondre à cette demande. En acceptant les règles de la concurrence, en laissant les mains libres aux entrepreneurs, on peut parvenir à une société moderne, dynamique et juste. La social-démocratie a donc adopté ce discours néoschumpétérien afin de justifier ses compromis avec le néolibéralisme. C'était le cœur de la « *troisième voie* » de Tony Blair et de Gerhard Schröder à la fin des années 1990 et, en France, de la « *gauche moderne* » et de son héritier, le centrisme radical d'Emmanuel Macron.

L'actuel président de la République avait d'ailleurs suivi avec ferveur, en prenant des notes, la leçon inaugurale de Philippe Aghion au Collège de France en 2015. « *Il a tout de suite fait preuve d'une vraie volonté de comprendre l'économie et notamment les nouvelles théories sur la croissance, il est beaucoup venu à la maison pour étudier* », expliquait alors le professeur [8]. Une fois au pouvoir, le nouveau chef de l'exécutif s'est attaché à appliquer les directives de l'économiste. Les réformes fiscales de 2018, et notamment la « *flat tax* » [9] sur les revenus du capital, inspirée du modèle suédois, sont directement issues, on l'a vu, de ces positions. Il en va de même des réformes de libéralisation du marché du travail qui, dans l'esprit néoschumpétérien, sont les clés de la mobilité et de la lutte contre les « statuts » perçus comme des rentes et des entraves à la destruction créatrice. Ces réformes étaient justifiées par la volonté de mieux récompenser ceux qui le méritent. « *Les protections corporatistes doivent laisser place aux sécurités individuelles* », proclamait le futur président de la République en 2017 [10]. La justice est individuelle et liée aux actes, et c'est le marché qui tranche. C'est ici un élément clé de la pensée de l'innovation qui la rapproche encore un peu plus de la théologie : chacun doit pouvoir innover et seuls les meilleurs seront récompensés.

Cette vision de l'économie permet de donner une charge positive intense au vieux néolibéralisme.

Le culte aveugle du « progrès »

La logique à l'œuvre dans le néoschumpétérisme est précisément celle-ci : en faisant du bon fonctionnement du capitalisme le garant de la mobilité sociale et en prétendant que ce bon fonctionnement est le produit de l'application sociale de la science par l'innovation, cette doctrine transporte les réformes néolibérales sur le terrain du progrès. Dès lors que le « *vrai capitalisme* » incarné par la destruction créatrice représente le sens de l'histoire et la traduction dans la réalité économique du progrès technique, c'est lui qui devient le vrai progressisme. La défense des réformes néolibérales nécessaires à l'accomplissement de la destruction créatrice va dès lors de pair avec une vision de la modernité dans laquelle se reconnaissent les élites économiques.

Nécessairement, ceux qui s'opposent à ce mouvement se placent du côté de l'obscurantisme et de la défense du passé. L'opposition droite-gauche laisse alors la place à l'opposition entre progressistes et réactionnaires, catégorie à laquelle sont renvoyés tous les mouvements qui contestent la croissance. Le mouvement est encore renforcé par les références continuelles à l'Allemagne et aux pays nordiques. Politiquement, cette référence agit comme un « marqueur » social-démocrate. Mais c'est oublier que la social-démocratie dans ces pays n'a cessé de reculer au profit du néolibéralisme et que les inégalités y ont explosé. La Suède et l'Allemagne ont moins profité de la « destruction créatrice » que, la première, d'une bulle immobilière unique et, la seconde, d'une modération salariale dans les « vieilles » industries.

Mais peu importe, les anathèmes de ce nouveau progressisme pleuvent. Et servent, en ces temps de crise, à relégitimer un néolibéralisme de plus en plus contesté. Les « *réformes structurelles* » deviennent ainsi une « *révolution* » comme dans le titre du livre-programme d'Emmanuel Macron de 2017. Elles permettraient de réaliser la traduction concrète de la créativité, de l'inventivité et du progrès scientifique et, en cela, elles représenteraient finalement, comme le dit Jean Tirole, le « *bien commun* ». Pour construire « *la vraie égalité qui n'est pas celle inscrite dans la loi* » mais celle qui donne « *à tous les mêmes chances et les mêmes opportunités* », expliquait le futur président dans son ouvrage de 2017, il faut fixer un nouveau « *cap* » : ramener « *l'innovation chez nous* »[11] et, à cette fin, accepter les réformes néolibérales.

La 5G ou le « *Moyen Âge* »

Dans leur ouvrage, Philippe Aghion et ses coauteurs tentent ainsi d'organiser le débat d'idées autour de l'opposition entre Schumpeter et Malthus. Ceux qui refuseraient la destruction créatrice et ses conditions voudraient « *ramener le PIB à son niveau de subsistance* » en refusant toute progression de la productivité. Ces « *malthusiens sans le savoir*[12] » sont les défenseurs de la « *décroissance* », ceux qui ne croient pas que la croissance du PIB puisse fournir la solution à tous nos problèmes. Cette opposition avec le courant de la décroissance caricaturé est une figure récente mais récurrente de la défense du néolibéralisme grâce à la pensée de Schumpeter.

Puisque la capacité d'innovation est le moteur de la croissance, mais aussi du progrès social, tout refus de la croissance est stigmatisé. La décroissance devient l'ennemi de la science et du progrès, c'est un projet de retour en arrière, avant le capitalisme, à un Moyen Âge obscur où dominent l'économie de subsistance et les techniques arriérées.

Cette vision s'est déjà inscrite dans le débat public avec la question de la nouvelle génération de réseaux mobiles, la 5G. Face aux critiques sur l'utilité réelle de ce réseau, Emmanuel Macron lui-même est monté au créneau pour défendre cette « innovation ». Dans un discours prononcé le 14 septembre 2020, le président de la République a fait de la défense de la 5G un symbole. La France doit accepter ce réseau parce qu'elle est, dit-il, le « *pays des Lumières, le pays de l'innovation* ». « *J'entends beaucoup de voix qui s'élèvent pour nous expliquer qu'il faudrait relever la complexité des problèmes contemporains en revenant à la lampe à huile ! Je ne crois pas que le modèle Amish permette de régler les défis de l'écologie contemporaine* », conclut l'hôte de l'Élysée.

Ce discours est typique de l'entreprise de relégitimation du néolibéralisme par l'innovation. On voit que l'acceptation de la 5G ne se défend pas par son apport réel aux besoins des populations mais par son caractère « innovant » qui, en soi, l'inscrit immédiatement dans la « France des Lumières », autrement dit dans une constellation non pas tant économique que politique. La 5G en tant qu'innovation devient synonyme de lumière, de démocratie, de progrès social. En miroir, tout questionnement sur l'innovation et, partant, sur les conditions de production de cette innovation relève d'un obscurantisme caricatural : « *la lampe à huile* ». L'enjeu est donc de clore le débat, politiquement et économiquement : soit on accepte le « *pouvoir de la destruction créatrice* » et les réformes néolibérales qui en sont la condition, soit on accepte de sombrer dans une forme d'horreur médiévale.

C'est aussi à cette aune qu'il faut lire l'allusion au Moyen Âge faite par Emmanuel Macron dans un entretien récent accordé à la revue *Zadig*[13]. Il compare, « *dans la psyché collective* », notre époque à « *ce qui se passait à la fin du Moyen Âge* » et invoque les « *grandes innovations technologiques, qui ont un effet anthropologique* ». Cet effet induit que « *quelque chose se passe dans l'imaginaire qui permet d'embrasser l'avenir et de sortir des grandes peurs* ». La vision est strictement néoschumpétérienne : l'innovation en tant que traduction économique de la technique change le mode de production et élève la société vers la liberté et la prospérité. Emmanuel Macron compare les « *grandes découvertes* » au numérique et à la croissance verte. L'enjeu est donc bien d'accepter cette renaissance que permettent les innovations de notre époque. C'est pourquoi il faut « *embrasser* » les lois de la destruction créatrice et, donc, les réformes structurelles. Le mot d'ordre de ce nouveau « *progressisme* » devient alors : le néolibéralisme ou le chaos.

LE MOT D'ORDRE DE CE NOUVEAU « *PROGRESSISME* » DEVIENT ALORS : LE NÉOLIBÉRALISME OU LE CHAOS.

Tel est le cœur de la stratégie de l'exécutif français, qui traduit la vision néoschumpétérienne dans sa politique de l'offre en faveur du capital. Alors qu'Emmanuel Macron s'attache à sauvegarder les réformes fiscales de 2018, le gouvernement Castex a mis en place en septembre 2020 un « *plan de relance* » de cent milliards d'euros qui est avant tout un plan de baisse d'impôts sur la production et de subventions aux entreprises et aux plus riches. L'idée est bien de jouer sur le « *pouvoir de la destruction créatrice* » en vue de relancer la croissance et de « *rembourser la dette* ». Mais l'innovation et la croissance fournissent aussi la justification de nouvelles réformes structurelles, de l'assurance-chômage aux retraites. Face à la crise du Covid-19 et au ralentissement continuel de la croissance, l'idéologie néoschumpétérienne invite à un approfondissement des politiques traditionnelles en faveur du capital. Le tout au nom du progrès.

L'« *énigme de la productivité* » et la « *stagnation séculaire* »

Si le sauvetage du néolibéralisme se concentre désormais sur la question de l'innovation, ce n'est pas par hasard. C'est au contraire parce que le nœud du problème du système capitaliste contemporain réside dans ce qu'il est désormais convenu d'appeler l'« *énigme de la productivité* ».

Les termes de cette énigme sont simples. L'innovation n'est pas bloquée, elle est au contraire très présente dans l'économie contemporaine. Chacun peut le constater : en trente ans, les structures et les formes de la production ont beaucoup changé. La révolution cybernétique et informatique, puis l'émergence d'Internet et de la téléphonie mobile ont fait jouer à plein le principe de la destruction créatrice. En 1991, vingt-deux des trente entreprises formant l'indice vedette de la Bourse de New York, le Dow Jones Index Average, étaient des entreprises industrielles. Aujourd'hui, elles ne sont plus que six, alors que neuf des composants de l'indice sont désormais des entreprises de technologies de l'information. Cette rupture, engagée avec l'entrée de Microsoft dans l'indice en 1990, est plus marquée encore que celle de la seconde révolution industrielle ou de l'émergence de la société de consommation de masse.

Il est donc pour le moins singulier de prétendre qu'il faudrait encore laisser faire la destruction créatrice. Les sociétés occidentales ont misé à fond, au cours des cinq dernières décennies, sur la montée en gamme de leur industrie, tout en laissant disparaître les grandes industries à faible valeur ajoutée comme l'extraction de minerais ou le textile. Des mesures inédites ont été prises afin de libérer le capital et d'assurer sa « *bonne allocation* » par la finance. Les marchés du travail ont été ouverts. L'État a partout privilégié la subvention au secteur privé au détriment des transferts sociaux. Il a transmis de plus en plus de tâches au privé. Bref, le néolibéralisme a bien été une réalité et il a déjà bien utilisé la destruction créatrice afin de s'imposer. Philippe Aghion et ses disciples font mine de penser que ce mouvement n'a pas encore eu lieu. Or, il est derrière nous. La crise actuelle n'est donc pas le fruit d'un manque de destruction créatrice, c'est le fruit même de la destruction créatrice.

Car, à rebours de ce que prétend la théorie néoschumpétérienne, ces mouvements et ces politiques n'ont contribué ni à l'accélération de la croissance ni à la réduction des inégalités. Bien au contraire. La croissance n'a cessé, partout, de ralentir en tendance longue, tandis que les inégalités se creusaient. Pourquoi ? Parce que les gains de productivité n'ont cessé de diminuer ou, au mieux, de stagner. Selon le FMI, la productivité moyenne du travail dans les pays avancés était en croissance annuelle de près de 5 % par an à la fin des années 1960 et elle était de moins de 1 % à la fin des années 2010.

La révolution industrielle de la fin du XXe siècle présente donc cette particularité centrale qu'elle ne s'est pas accompagnée d'une croissance de la productivité comme cela avait été le cas lors des précédentes ruptures technologiques du capitalisme qu'avaient observées Joseph Schumpeter. Comme le résumait dans un aphorisme célèbre l'économiste Robert Solow, théoricien de la croissance : « *Les ordinateurs sont partout sauf dans les statistiques de la productivité.* »

Ce paradoxe ramène le débat à celui de la « *stagnation séculaire* ». Ce concept est né en 1938 sous la plume de l'économiste Alvin Hansen qui constatait, malgré le *New Deal*, la faiblesse chronique de l'économie après la crise de 1929. Il a été repris dans les années 2010 sous deux formes. L'ancien secrétaire d'État au Trésor de Bill Clinton, Larry Summers, estime que cette stagnation est la conséquence d'un déficit structurel de demande. L'économiste Robert Gordon l'expliquait quant à lui, dans un article de 2015[14], par la faiblesse et la brièveté des gains de productivité engendrée par la révolution numérique. Selon cette vision, les gains de productivité ont tendance à s'amenuiser à mesure que les innovations s'accumulent. On ne pourrait donc plus attendre des cycles comparables à ceux qui ont suivi l'émergence de la machine à vapeur ou de l'électricité. L'idée schumpétérienne de cycles d'innovations provoquant de longues vagues de croissance grâce à la diffusion de ces dernières dans l'économie devrait donc être modérée par le fait que ces vagues sont désormais structurellement de moindre ampleur. Dès lors, l'affaiblissement de l'investissement et de la productivité se comprendrait par la difficulté croissante à trouver des débouchés intéressants.

Cela n'empêche pas Gordon de proposer une réponse schumpétérienne à ce problème : si la vague est plus faible, alors il faut encore accélérer les réformes structurelles qui permettraient en quelque sorte de compenser la quantité par la qualité. D'autant que beaucoup n'ont pas perdu l'espoir d'une nouvelle grande vague grâce aux dernières innovations, liées notamment à l'intelligence artificielle. C'est pourquoi les néoschumpétériens concentrent désormais leurs efforts sur ce qu'ils appellent les « *frontières* », ces innovations très pointues qui permettraient la vraie rupture.

BEAUCOUP N'ONT PAS PERDU L'ESPOIR D'UNE NOUVELLE GRANDE VAGUE GRÂCE AUX DERNIÈRES INNOVATIONS, LIÉES NOTAMMENT À L'INTELLIGENCE ARTIFICIELLE.

Les prix sous-estiment-ils les gains de productivité ?

Philippe Aghion va cependant beaucoup plus loin. Il reconnaît certes qu'il est plus difficile de trouver des idées, ce qui est une raison de plus d'accélérer la concurrence, mais il estime que les modes de calcul de la productivité, qui datent de l'ère industrielle, ne permettent pas de prendre en compte correctement les gains de productivité du numérique, qui reposent sur l'économie des données. Autrement dit, l'ampleur de la vague d'innovation et de la capacité de la destruction créatrice à créer une nouvelle phase de croissance élevée ne saurait être mise en cause. La stagnation séculaire serait en partie une illusion d'optique.

TOUT EN SOULIGNANT LA SOUS-ÉVALUATION DE LA CROISSANCE, PHILIPPE AGHION RESTE ATTACHÉ AUX BASES DE SON CALCUL, QUI ÉVACUENT LES EXTERNALITÉS SOCIALES ET ENVIRONNEMENTALES.

La clé de cette critique, c'est le prix. Lorsqu'un ordinateur gagne en performance, son prix augmente, mais cette hausse se justifie-t-elle entièrement par une meilleure qualité ? De l'estimation de ce lien entre prix et qualité dépend la mesure des gains de productivité : si le prix est entièrement justifié par la qualité, alors la productivité sera plus élevée. Or, selon Philippe Aghion, l'inflation est surestimée parce que, précisément, les gains de puissance des technologies justifieraient entièrement les hausses de prix : au fond il ne s'agirait pas vraiment d'une hausse de prix mais d'une hausse de la performance. C'est pour cette raison que l'on ne verrait pas les ordinateurs dans les statistiques.

Florence Jany-Catrice, économiste à l'université de Lille et auteure d'un ouvrage sur l'indice des prix à la consommation[15], rappelle cependant que les statistiques macroéconomiques, à commencer par celles des prix, sont toujours des constructions sociales. Modifier le calcul de manière à prendre en compte l'aspect qualitatif des innovations supposerait également de mesurer leur impact environnemental et social. À cela s'ajoute une autre question : qui profite – et qui pâtit – de ces innovations ? « *Dès lors que l'on tente de tenir compte de la qualité, on entre dans un débat abyssal sur ce que l'on doit ou non prendre en compte et sur qui le fait* », rappelle-t-elle. Cela impliquerait un changement général de perspective qui reviendrait, *in fine*, à relativiser le PIB tel qu'il est calculé aujourd'hui. Philippe Aghion est-il prêt à ouvrir un débat de cet ordre ? Rien n'est moins sûr. Car, tout en soulignant la sous-évaluation de la croissance, il reste attaché aux bases de son calcul qui évacuent précisément les externalités sociales et environnementales. Dès lors, on a le sentiment que la critique statistique n'est mobilisée que lorsqu'elle semble conforter sa théorie… Mais c'est un jeu dangereux, car elle pourrait bien, en réalité, la fragiliser.

Une fuite en avant poussée par la financiarisation

Mais à en croire ses défenseurs, rien ne saurait remettre en cause le dogme d'une destruction créatrice qui pourrait, à l'infini, développer la productivité et donc sauver le capitalisme et, de leur point de vue, la planète. La seule option serait donc la fuite en avant dans la logique liant réformes structurelles, innovations et productivité. Cette position accorde une confiance aveugle à la dynamique capitaliste. Ce n'est pas très étonnant puisqu'il s'agit d'une pensée venant en appui du capitalisme en crise. Mais c'est une pensée circulaire : si les résultats escomptés ne viennent pas, il faut encore accélérer. Et cette circularité s'appuie sur un autre raccourci : puisque le capitalisme a permis le développement technologique des XIXe et XXe siècles et a augmenté le niveau de vie, il devrait assurer la même fonction dans l'avenir. Le passé permettrait donc de prévoir l'avenir, ce qui justifie la fuite en avant que l'on vient de décrire.

C'est pourtant une conclusion que ni Schumpeter ni Marx ne s'aventuraient à tirer. Ce dernier n'a jamais nié, bien au contraire, le caractère essentiel du capitalisme dans le « *développement des forces productives* » et donc dans l'augmentation du niveau de vie. Mais sa position est *historique* : le capitalisme étant soumis à l'histoire, il est mortel et son pouvoir n'est donc pas infini. Ses contradictions internes finissent par émousser son efficacité et par ouvrir la voie à son dépassement. Suivant d'autres hypothèses que Marx, Schumpeter aboutissait à la même conclusion. Ce que ses disciples du XXIe siècle semblent avoir oublié.

Dès lors, la question de la productivité change de nature. On avance souvent que la baisse tendancielle des gains de productivité observée depuis cinquante ans serait la conséquence de la montée en puissance du secteur des services, moins productifs. Mais cette explication ne résout pas davantage l'énigme que la question statistique. Car cette nouvelle répartition sectorielle s'explique précisément par l'application de la destruction créatrice.

LA FONCTION DE L'INNOVATEUR EST DE CONVAINCRE DES FINANCIERS ET NON DES USAGERS.

En théorie, les vieilles industries peu productives auraient dû être remplacées par davantage de nouvelles industries très productives ou par des services également très productifs. Le numérique aurait notamment dû assurer cette montée en gamme des services. C'est bien cela le « *nouvel environnement de croissance* » vendu par les économistes néoschumpétériens : l'ensemble de l'économie doit monter en gamme. Mais ce n'est pas ce que l'on observe : les emplois détruits par la destruction créatrice ont souvent été remplacés par des emplois de service peu productifs, à commencer par ceux de la finance ou de l'immobilier.

En d'autres termes, la destruction créatrice pourrait bien ne plus représenter le « pouvoir » que lui prêtent ses défenseurs. Bien au contraire, les bonnes recettes que ces derniers promeuvent afin de la développer ne font que densifier le problème. La libéralisation du marché du travail réduit la productivité en rendant le travail bon marché et plus flexible. Elle entretient donc la possibilité d'un secteur moins productif. La baisse de la fiscalité sur les plus riches et les revenus du capital favorise une bulle financière capable de surévaluer des innovations conçues d'abord comme des actifs financiers. Dès lors, la fonction de l'innovateur est de convaincre des financiers et non des usagers. Le phénomène a encore été amplifié avec le soutien public à la sphère financière. L'investissement massif dans le « *capital fictif* », comme Marx appelait la sphère financière, vient perturber la belle logique de la destruction créatrice puisque la finance affiche un rendement supérieur aux actifs productifs.

Tout cela explique pourquoi ce n'est pas un hasard si le néolibéralisme est aussi ce moment historique de ralentissement de la productivité. Comme le notait Marx, la production ne répond pas à des besoins sociaux mais à la loi de la valeur, donc à la valorisation du capital. Longtemps, les profits se sont d'abord réalisés dans la sphère de la consommation et on a donc pu voir émerger des innovations profitables répondant aux besoins sociaux. Mais aujourd'hui, l'importance de la sphère financière rend ce lien incertain : ce qui est rentable n'est pas forcément ce qui correspond au « *bien commun* ». D'où cette étonnante débauche de start-ups prétendument innovantes mais qui agissent comme de simples actifs financiers que l'on revend à prix fort avant que la bulle n'explose.

Ce développement du capital fictif est peut-être aussi le signe de l'épuisement du capitalisme tel que l'envisageait Marx. Selon lui, l'augmentation des forces productives du capitalisme réduit la part du travail dans la production de valeur. Or, c'est dans le travail que réside la source de la valeur. Plus la productivité s'est élevée, plus la recherche de la valeur est devenue difficile. Elle n'est plus possible désormais que par une exploitation plus intense du travail et par une baisse de l'investissement productif. On pourrait ajouter que le capital fictif issu de la financiarisation sert de bouée de sauvetage au capitalisme tardif, tout en ne résolvant aucun de ses problèmes. On retrouve alors les grandes lignes du mode de production néolibéral. Ce phénomène avait déjà été mis en avant en 1928 par l'économiste marxiste polonais Henryk Grossman dans son ouvrage sur l'accumulation du capital et la même analyse est aujourd'hui défendue par le Britannique Michael Roberts.

Le poids de la rente

Mais cet épuisement ne signifie pas que le capitalisme va s'effondrer de lui-même spontanément. Bien au contraire, en l'absence d'une pression offensive du monde du travail, le système survit par une forme d'équilibre à bas bruit sous forme de fuite en avant. Dans ce cadre, les innovations n'ont plus la même fonction que jadis, elles visent à assurer une certaine valorisation du capital en offrant des débouchés à la finance et en assurant la soumission du monde du travail par les « réformes structurelles ». Ce n'est pas un hasard si les « succès » de ces innovations sont désormais mesurés par leur valorisation boursière et si l'objectif, par exemple, du gouvernement français en matière d'innovation est jugé sur le nombre de « licornes » françaises, autrement dit sur le nombre d'entreprises valorisées à plus d'un milliard de dollars en Bourse. « *Il faut qu'en 2025, on ait au moins vingt-cinq licornes* », déclarait précisément Emmanuel Macron en 2019.

La fonction de l'innovation n'est plus de répondre à un besoin social par la création d'un nouveau marché, mais de répondre à un besoin de valorisation financière. On comprend alors pourquoi les innovations capitalistes se concentrent sur d'autres priorités que celles qui obsèdent aujourd'hui le public, comme l'environnement et les conditions de travail. Et on comprend aussi pourquoi les politiques néoschumpétériennes peuvent, comme c'est le cas actuellement, s'accommoder de soutiens massifs aux entreprises non rentables, à ce que les libéraux appellent les « zombies » : c'est tout simplement parce que ces « zombies » sont nécessaires à l'offre d'emploi que les innovations, elles, ne peuvent pourvoir parce qu'elles ont une simple fonction de valorisation du capital.

Dans son ouvrage *Technoféodalisme*, Cédric Durand montre que, puisqu'il est plus difficile de dégager du profit, il faut sécuriser ce dernier par une logique de captation de la valeur[16]. Les géants technologiques ne sont pas des entreprises capitalistes classiques, ce sont plutôt des formes d'entités féodales dont la fonction est de préserver des gisements de valeur, autrement dit d'assurer des rentes. L'innovation devient alors un territoire à conquérir et c'est ainsi que l'on peut comprendre les multiples OPA de start-ups par les géants comme Google, Facebook ou Apple comme le souci d'assurer un flux continu de valeur. La « bonne innovation » est celle qui est capable d'entrer dans ce système de valorisation. Les conséquences politiques de cette évolution sont considérables. Les citoyens, devenus dépendants de ces géants, y sont attachés comme jadis le serf à sa glèbe. Les problématiques de l'information, de la démocratie, de la liberté en sont changées. Et pas forcément dans le sens des « *Lumières* ».

On retrouve certes là l'intuition de Schumpeter lorsqu'il expliquait que la rente viendrait tuer la dynamique capitaliste. Mais avec ceci de particulier que ce qui produit

LA DESTRUCTION CRÉATRICE A DONNÉ NAISSANCE À CES MONSTRES RENTIERS QUE SONT DEVENUS LES GAFA.

la rente, c'est la nécessité de la recherche de la plus-value propre au capitalisme. Dans un contexte où les gains de productivité sont plus difficiles à obtenir, favoriser la destruction créatrice en pesant sur le travail et en soutenant la financiarisation et la libéralisation des marchés, c'est, en réalité, soutenir la rente. Tout se passe comme si s'était produite une fusion entre rente et profit.

Certes, conformément à la vision de Schumpeter, Philippe Aghion est aussi un adversaire déclaré de ces géants numériques : ceux-ci, selon le professeur au Collège de France, ont tendance à freiner l'innovation. Mais c'est passer un peu vite sous silence le fait que, précisément, l'innovation elle-même est une part du problème parce qu'elle est à la fois la cause et la conséquence de la concentration du secteur du numérique. Les géants du numérique peuvent payer avec leurs propres monnaies, c'est-à-dire leurs propres actions, des start-ups dont la seule ambition est de se vendre à ces ogres. C'est donc l'ensemble de l'écosystème numérique qui devient dépendance de l'oligopole. L'origine de la rente est bien la situation historique du capitalisme qui, progressivement, dérive vers ce technoféodalisme. Ce qui est en jeu, c'est cet équilibre que l'on a évoqué entre rente et innovation et qui semble brisé depuis plusieurs décennies. La destruction créatrice a donné naissance à ces monstres rentiers que sont devenus les GAFA.

L'innovation soumise à la loi de la valeur contribue au creusement des inégalités, à l'intensification de l'exploitation du travail et à la naissance d'un féodalisme moderne. Au reste, cela remet en cause un des piliers de ce progressisme. Philippe Aghion et ses coauteurs soulignent combien la « *société civile* » a un rôle essentiel à jouer pour guider l'innovation et amener les entrepreneurs à prendre les bonnes décisions. Mais si cette société civile est dépendante des géants du numérique, si elle est soumise en permanence au chantage à l'emploi d'un système de production aux abois, si elle est enfin moins puissante que les acteurs de la finance, alors cette influence est de pure forme. Et ce sont les logiques du capital qui l'emportent sur le « *bien commun* ».

LA PROPHÉTIE DE SCHUMPETER SEMBLE SE RÉALISER : LA BOURGEOISIE SEMBLE PROGRESSIVEMENT PERDRE SA « *RAISON D'ÊTRE* ».

L'obsession de la croissance

La prophétie de Schumpeter semble se réaliser. La bourgeoisie semble progressivement perdre sa « *raison d'être* » en donnant sa préférence à la garantie de valorisation de son capital. L'innovation elle-même doit être soumise à cette exigence, à l'image de l'ensemble des relations sociales. Les « entrepreneurs » soucieux de valorisation dirigent donc leurs efforts vers les besoins de la finance et des géants du numérique. L'État peut se cacher derrière les illusions de la destruction créatrice, il ne fait que soutenir cette logique en favorisant des mesures

IL Y A DONC UNE CANDEUR EXTRÊME DANS LA VISION DES NÉOSCHUMPÉTÉRIENS PARCE QU'ILS N'INTERROGENT JAMAIS LE CONTENU DES INNOVATIONS.

de soumission du monde du travail, de destruction de l'État social et de contre-révolution fiscale. La destruction créatrice devient un mythe utile avant tout à faire accepter au monde du travail sa mise au pas progressive.

Philippe Aghion et ses adeptes ne le voient pas parce qu'ils sont concentrés sur la croissance. Si la croissance est là, l'innovation est positive. Si elle est absente, il y a un problème. La croissance reste, à leurs yeux, une mesure du bien-être. Or, elle ne l'a jamais été et l'inventeur même du PIB, Simon Kuznets, mettait en garde contre cette interprétation. Depuis, des auteurs comme Éloi Laurent ont largement documenté le fait que la croissance est un indicateur défaillant du bien-être et on peut, du reste, le constater en observant l'état social et environnemental des nations championnes de la croissance comme la Chine ou les États-Unis. Il y a donc une candeur extrême dans la vision des néoschumpétériens parce qu'ils n'interrogent jamais le contenu des innovations. C'est logique de leur point de vue puisque, précisément, tout ce que fait un entrepreneur validé par le marché est par nature utile et que cette utilité est mesurée par son prix et donc par la croissance qu'il produit.

Mais dans le contexte de crise écologique, cette candeur est très problématique. L'idée que l'innovation tirée par la nécessité de créer de la valeur marchande pourra *in fine* trouver les solutions à la crise écologique est très largement illusoire. D'abord parce que le rythme des innovations, particulièrement dans un contexte comme celui que l'on vient de décrire, est trop lent pour répondre à l'urgence écologique et à l'accélération de cette crise. Autrement dit, même dans l'hypothèse, non avérée, où il existerait une solution technologique complète à cette crise écologique, les conditions pratiques et temporelles de sa mise en place ne permettraient pas de faire l'économie d'une modification du mode de production dans l'objectif de réduire l'exploitation de la nature.

Mais cette hypothèse même, on l'a dit, est incertaine. Dans un ouvrage récent, l'économiste Hélène Tordjman montre comment la marchandisation de la nature, qui est le préalable à ce type d'innovation, induit une instrumentalisation des formes de vie qui conduit davantage à sauvegarder le capitalisme que la biodiversité[17]. Chaque innovation tend à résoudre un problème précis en ignorant les interdépendances et les conséquences sur d'autres domaines. Ce qui est intensifié, c'est donc bien la marchandisation de la nature et, partant, son exploitation au sens marxien du terme. La pensée qu'une augmentation de la productivité pourrait permettre de sortir de l'ornière écologique, en réduisant la consommation de ressources, ne se vérifie guère. Cette augmentation de la productivité, quand elle est possible, s'accompagne

IL NE S'AGIT PAS DE REJETER LA SCIENCE ET LA TECHNIQUE, MAIS DE L'UTILISER DANS UN AUTRE CONTEXTE, AVEC UN AUTRE OBJECTIF.

aussi d'une intensification de la demande de ressources car il est possible de produire toujours davantage et de nouvelles ressources sont nécessaires. Là encore, la seule réponse semble être celle de la fuite en avant : l'innovation traite une difficulté en créant un autre problème qui nécessitera une innovation. Ainsi se pose à nouveau la question du contenu des innovations et de ce qui les détermine. En laissant le marché décider, on ouvre la voie à cette fuite en avant qui, certes, peut créer de la « croissance » mais conduit assurément à un désastre écologique. C'est finalement une vision plus incendiaire qu'utile à la planète.

Un nouveau mode de production pour sortir de l'impasse

La destruction créatrice apparaît donc comme une impasse qui répond en miroir à l'impasse actuelle du capitalisme. Le progrès économique, politique comme écologique qu'elle promet est très largement illusoire. Le problème central de cette approche réside dans la naturalisation et l'automatisation du processus. La destruction créatrice détiendrait un « pouvoir » qui agirait quelles que soient les conditions historiques et géographiques. On pourrait le résumer dans ces fausses évidences présentant comme des preuves des succès ponctuels, tantôt en Allemagne, tantôt en Suède, tantôt aux États-Unis.

Finalement, les chantres de l'innovation font ce que les économistes *mainstream* font le mieux : ils construisent un modèle d'équilibre global qui fait abstraction du caractère historique du capitalisme. La destruction créatrice des néoschumpétériens n'est pas un progressisme parce qu'elle n'est pas elle-même, en tant que principe, soumise à l'histoire. De ce point de vue, on pourrait lui adresser le même reproche que celui du philosophe Karl Korsch faisait au marxisme théorique : de ne pas se soumettre à la loi historique. Autrement dit, puisque les conditions historiques actuelles font de la destruction créatrice une impasse, il devient urgent de soumettre la destruction créatrice elle-même à la destruction créatrice afin d'inventer un nouveau mode de production.

Cette déconstruction ne peut passer que par une réflexion d'ensemble sur la place de la technique et son rapport au profit. Il ne s'agit pas de rejeter la science et la technique, mais de les utiliser dans un autre contexte, avec un autre objectif. Le but ne doit plus être de donner la priorité à la création de valeur en pensant qu'elle résout tous les problèmes sociaux, politiques et environnementaux, mais d'utiliser la technique afin de parvenir à une société soutenable fondée sur la sobriété, le bien-être et la liberté. C'est un renversement complet de logique par lequel l'usage des ressources sera planifié, les besoins définis et la production mieux répartie.

L'affaire peut sembler complexe, mais les besoins sont aussi le produit du mode de production, et changer un mode de production, c'est aussi changer les représentations des besoins. Le monde antique, dont l'économie était fondée sur l'esclavage, n'utilisait pas la force de la vapeur qu'il connaissait pourtant. C'est l'émergence du capitalisme qui a rendu indispensable l'usage productif de la vapeur. C'était sans doute, à l'époque, un progrès. Aujourd'hui, le progrès consiste peut-être à comprendre que la fuite en avant de l'innovation capitaliste n'est plus une solution. C'est cette voie que proposent la décroissance et l'écosocialisme. À mille lieues des ricanements des tenants d'un conservatisme qui se drapent dans un progressisme illusoire.

1. Il n'existe pas de prix Nobel d'économie, mais on décerne, depuis 1969, un « prix de sciences économiques de la Banque de Suède en hommage à Alfred Nobel ». Jean Tirole en a été le titulaire en 2014.
2. B. Milanović, *Le Capitalisme sans rival*, La Découverte, Paris, 2019.
3. J. Schumpeter, *Capitalisme, socialisme et démocratie*, Payot, Paris, 1990, p. 184.
4. P. Aghion, C. Antonin et S. Bunel, *Le Pouvoir de la destruction créatrice*, Odile Jacob, Paris, 2020, p. 216.
5. *Ibid.*, p. 344.
6. *Ibid.*, p. 351-356.
7. *Ibid.*, p. 322.
8. G. Macke, « Philippe Aghion, l'inspirateur d'Emmanuel Macron sur la croissance », *Challenges*, 25 mai 2017.
9. La « flat tax » ou « prélèvement forfaitaire unique » (PFU) limite à 30 % la fiscalité sur les flux de revenus liés au capital et abaisse ainsi considérablement la fiscalité du capital par rapport à celle du travail.
10. E. Macron, *Révolution*, XO Editions, Paris, 2017, p. 123.
11. *Ibid.*, p. 202.
12. P. Aghion *et alii*, *op. cit.*, p. 216.
13. « Conversation avec Emmanuel Macron », *Zadig*, mai 2021, p. 12-31.
14. R. Gordon, *Secular Stagnation. A Supply-Side View*, *American Economic Review*, n° 105, 2015, p. 54-59.
15. F. Jany-Catrice, *L'Indice des prix à la consommation*, La Découverte, coll. « Repères », Paris, 2019.
16. C. Durand, *Technoféodalisme*, La Découverte, Paris, 2020.
17. H. Tordjman, *L'Illusion de la croissance verte*, La Découverte, Paris, 2021.

SIMONE DE BEAUVOIR A-T-ELLE CESSÉ D'ÊTRE RÉVOLUTIONNAIRE ?

L'héritage complexe d'une philosophe féministe

PAR Raphaël EHRSAM

« *On ne naît pas femme, on le devient.* » Au moment où Simone de Beauvoir formule cette fameuse sentence – peut-être la phrase la plus célèbre et emblématique de la théorie féministe –, ses travaux font scandale et agitent les milieux intellectuels et médiatiques de la France de la fin des années 1940, à gauche comme à droite. Trente ans plus tard, la philosophe est considérée comme une théoricienne féministe majeure et ses héritières invitent à développer ses thèses. Au début des années 2000, les critiques se font plus vives au sein des féminismes, qui pointent la naïveté, voire l'aveuglement de Beauvoir face aux questions de race et d'orientation sexuelle notamment. Parallèlement, des personnalités conservatrices n'hésitent plus à se revendiquer de l'autrice, tordant le sens de son travail, dans le but de décrédibiliser les mouvements de luttes féministes actuels. Plus de soixante-dix ans après la parution du *Deuxième Sexe*, que reste-t-il de l'héritage de Beauvoir ?

Au jour de sa parution en 1949, *Le Deuxième Sexe* déclenche une véritable levée de boucliers qui traverse tout l'échiquier politique, de l'extrême droite au communisme. Pour avoir osé écrire que le féminin est un « *mythe* », pour avoir dénoncé et analysé l'oppression des femmes jusque dans l'espace privé du couple et de la famille (séduction, amour, sexualité, maternité, etc.), Simone de Beauvoir est la cible d'une série d'attaques sexistes virulentes, qui n'ont rien à envier au harcèlement systématique imposé aux figures contemporaines du féminisme[1]. Beauvoir raconte : « *Insatisfaite, glacée, priapique, nymphomane, lesbienne, cent fois avortée, je fus tout, et même mère clandestine. On m'offrait de me guérir de ma frigidité, d'assouvir mes appétits de goule, on me promettait des révélations, en termes orduriers, mais au nom du vrai, du beau, du bien, de la santé et même de la poésie, indignement saccagés par moi. […] La violence de ces réactions et leur bassesse m'ont laissée perplexe*[2]. » Durant les deux décennies qui suivent la parution de l'ouvrage, les féministes sont presque seules à revendiquer l'héritage de l'écrivaine-philosophe.

BEAUVOIR EST AUJOURD'HUI RECONNUE COMME UNE ICÔNE FÉMINISTE ET L'UNE DES PHILOSOPHES LES PLUS INFLUENT·E·S DU XXe SIÈCLE.

Tout à l'inverse, depuis une quinzaine d'années, Simone de Beauvoir est célébrée, largement reconnue comme une icône et l'une des philosophes et féministes les plus influent·e·s du dernier siècle, et ce, bien au-delà de l'Hexagone[3]. On ne compte plus les biographies[4], documentaires[5], émissions de radio[6], films de fiction[7] et essais[8] qui lui sont consacrés. Ses mémoires ont été inscrits au programme de l'agrégation de lettres modernes en 2019 et, depuis 2020, elle compte parmi les rares autrices dont l'œuvre est étudiée en philosophie en classe de terminale.

« *FUCK BEAUVOIR !* » COMPTE PARMI LES MOTS D'ORDRE DE PRECIADO DANS *TESTO JUNKIE*.

Rompant avec le concert grandissant des voix laudatrices, ce sont cette fois certaines féministes qui expriment leurs réserves ou leur défiance envers Simone de Beauvoir. Aux yeux de Sam Bourcier, *Le Deuxième Sexe* est certes un texte «*fondateur*», mais il fait de l'hétérosexualité et de la bisexualité occasionnelle les seules «*normalités*» acceptables[9]. Soumaya Mestiri, pour sa part, regrette que l'autorité exclusive dévolue à Beauvoir dans les médias participe à rendre inaudibles les voix des féministes postcoloniales telles que Lila Abu-Lughod ou Saba Mahmood[10]. Selon Paul B. Preciado, Beauvoir a contribué à rendre impensables les subjectivités queer et trans'. Dans son essai *Testo Junkie*, le mot d'ordre est donc : «*Fuck Beauvoir*[11] ! » Que s'est-il passé ? Comment pareil renversement a-t-il pu se produire ? Les raisons sont à chercher dans les écrits de Beauvoir elle-même. Mais plus profondément, elles découlent des mutations les plus significatives du féminisme depuis le milieu des années 1970, en particulier de l'importance grandissante des féminismes lesbien, queer et trans', de l'afroféminisme et des féminismes postcoloniaux et décoloniaux. Pourquoi, aux yeux de nombre de féministes contemporaines, les idées de Beauvoir ont-elles cessé d'être révolutionnaires ?

Beauvoir en elle-même : puissance et ambiguïtés d'une intellectuelle révolutionnaire

Autrice géniale et avant-gardiste, Beauvoir, définissant ses positions et précisant ses thèses, a plusieurs fois hésité entre des directions de pensée opposées. La réception du *Deuxième Sexe* en témoigne : le texte abrite tensions et ambiguïtés. Christine Delphy, que Beauvoir qualifiait dans les années 1980 de «*théoricienne féministe française la plus intéressante*», le relève parmi d'autres : «*Ce qui continue de me frapper à chaque fois qu'on me parle de* la *théorie du* Deuxième Sexe, *c'est qu'il n'y a pas de théorie spécifique, parce qu'il y a toutes les théories. Beauvoir a une grande flexibilité théorique qui fait d'ailleurs qu'elle se contredit à l'intérieur du livre*[12]. »

Tout au long du *Deuxième Sexe*, Beauvoir hésite en effet entre une position selon laquelle les différences entre les sexes – y compris la distribution historiquement inégale des rôles et des privilèges dans les sociétés – sont de part en part construites, et une position selon laquelle ces différences et inégalités sociales entre hommes et femmes sont les conséquences directes d'une différence physiologique naturelle.

TOUT AU LONG DU *DEUXIÈME SEXE*, BEAUVOIR HÉSITE ENTRE CONSTRUCTIVISME ET ESSENTIALISME.

Ainsi, même si elle envisage qu'aux premiers âges de l'humanité, les muscles de la femme et ses capacités physiques aient pu être « *aussi développés que chez l'homme* », ou encore qu'« *en de nombreux cas les femmes étaient assez robustes et assez résistantes pour participer aux expéditions des guerriers* »[13], Beauvoir estime cependant, selon un stéréotype aujourd'hui largement remis en cause[14], que la force des femmes devait être moindre. Ce serait là l'une des explications de la domination masculine. De même, tout en soulignant que la maternité peut être une expérience pleinement positive et libre si les parents partagent équitablement les contraintes pratiques qui en découlent, si des dispositifs collectifs de garde d'enfants et de soins sont mis en place et, enfin, si les moyens de contraception et la possibilité de l'interruption volontaire de grossesse sont universellement accessibles, elle ajoute que les contraintes physiologiques naturelles liées à l'enchaînement des grossesses ont compté de façon centrale dans l'établissement de la domination masculine, de sorte que « *la situation biologique et économique des hordes primitives* devait *amener la suprématie des mâles*[15] ». La maternité est ainsi présentée à de nombreuses reprises comme un événement principalement biologique d'« *asservissement à l'espèce*[16] ».

En dépit de ces considérations naturalistes, c'est bien la tendance constructiviste qui est la plus affirmée dans *Le Deuxième Sexe*. Beauvoir insiste ainsi sur la prévalence de l'éducation et des déterminants sociaux dans la production des différences entre hommes et femmes, un parti pris tout à fait révolutionnaire en 1949. De fait, ce sont selon elle les textes de lois, les traditions et les mœurs patriarcales qui ont artificiellement creusé les différences entre les sexes. Suivant une idée clé de l'existentialisme, elle proclame que la définition de l'être humain, « *c'est qu'il est un être qui n'est pas donné, qui se fait être ce qu'il est [...]. La femme n'est pas une réalité figée, mais un devenir*[17] ». Les sciences, explique la philosophe, et la biologie au premier chef, ont elles-mêmes été imprégnées par le sexisme de l'imaginaire collectif. On y a souvent assimilé de façon fantaisiste les femmes aux femelles d'autres espèces (mantes, veuves noires, chiennes, chattes, fauves), on y a promu divers préjugés sur la « *passivité* » de l'ovule et l'« *activité* » des spermatozoïdes[18], divers stéréotypes néfastes sur les rôles masculins et féminins dans la sexualité ou la prétendue « *normalité* » de la reproduction et de l'hétérosexualité. Les philosophes et les écrivains ont œuvré les premiers à cette essentialisation naturalisante de « la » femme : d'Aristote à Lévinas, d'Homère à Balzac, ils affirment que l'homme « *est le Sujet, il est l'Absolu : elle est l'Autre*[19] ». Ainsi, pour Beauvoir, « *la femme est en grande partie une invention de l'homme*[20] » ; et le féminin concentre un ensemble de mythes dont la fonction est d'asseoir politiquement le pouvoir masculin, de projeter les fantasmes et les craintes des hommes. Vingt-trois ans après *Le Deuxième Sexe*, dans *Tout compte fait*, Beauvoir conclut sans ambiguïté que la féminité « *est une construction culturelle et non une donnée naturelle*[21] ». C'est là le sens du célèbre mot d'ordre « *On ne naît pas femme, on le devient*[22] » : « *Aucun destin biologique [...] ne définit la figure que revêt au sein de la société la femelle humaine*[23]. »

Mais si Simone de Beauvoir critique le caractère prétendument naturel de l'hétérosexualité, ses descriptions de ce qu'elle nomme « *la lesbienne* » ont plusieurs fois un caractère caricatural, de tendance homophobe. Certes, elle admet qu'« *aucun destin anatomique ne détermine [la] sexualité [des femmes]*[24] » ; refuse d'assimiler désir lesbien et identité de genre masculine[25] ; relève la part d'indétermination qui peut habiter les pratiques sexuelles, capables de se déplacer de façon fluide, selon les moments (« *il est faux d'établir entre hétérosexuelle et homosexuelle une distinction radicale*[26] »). Elle célèbre même la réciprocité des rapports lesbiens, à rebours des inégalités constitutives de l'hétérosexualité : « *Elles peuvent s'aimer dans l'égalité [...] toutes les combinaisons, transpositions, échanges, comédies sont possibles*[27]. » Cependant, Beauvoir interprète parfois de façon discutable le lesbianisme comme un phénomène psychique de réaction[28] : il serait originellement une forme de « *protestation*[29] » contre la condition inégalitaire des femmes, contre le sort subordonné qui leur est réservé. Elle estime en outre, de façon schématique, que les « *caresses* » des lesbiennes auraient une qualité érotique singulière, une sorte de « *tendresse charnelle* »[30] caractéristique. Sam Bourcier ironise : « *Il n'y a pas de grande différence entre la construction des lesbiennes dans les films pornographiques hétérosexuels ou les films érotiques du dimanche soir sur M6 et l'interprétation réductrice et désexualisée de ce que les lesbiennes font au lit selon Beauvoir*[31]. »

Beauvoir fait l'éloge de ses contemporaines (« *les femmes d'aujourd'hui sont en train de détrôner le mythe de la féminité*[32] »), elle exprime avec intensité son empathie envers chaque femme qui, dans son aspiration à la liberté, « *se dresse, faible et seule, contre le monde*[33] », relate leurs luttes visant à se ménager des formes d'existence indépendantes, dans les espaces professionnels comme privés. Cependant, elle paraît parfois dévaloriser les formes de vie qui ont été historiquement celles des femmes. Beauvoir refuse par exemple que le soin des enfants soit décrit comme un *travail* : elle oppose terme à terme la « *reproduction* », qu'elle juge animale et peu empreinte de spiritualité, et la « *production* », nécessairement extradomestique, seule à ses yeux vraiment humaine. Elle critique plusieurs lieux socialement identifiés comme féminins en les représentant tels autant de pièges tendus aux femmes en vue de leur faire embrasser les valeurs légitimant leur oppression : piège de l'amour, où le sentiment idéalisé jette un voile sur les inégalités juridiques et privées ; piège

À PARTIR DES ANNÉES 1970, BEAUVOIR SE PRÉSENTE COMME UNE FÉMINISTE RADICALE.

des idéaux esthétiques, de l'idolâtrie de la beauté, où l'injonction au souci de soi forme un écran narcissique dissimulant la violence de la domination ; piège enfin du mysticisme et de la foi, qui produit la sanctification religieuse de la dévotion des femmes envers les hommes (en tant que filles, sœurs, épouses et mères).

D'un côté, elle estime qu'en 1949, chaque jeune femme tend à « *prendre son sort entre ses mains, au lieu de s'en remettre à l'homme*[34] ». Pourtant, dans le même temps, elle affirme que les femmes n'ont jamais, à ce jour, contribué à écrire l'histoire humaine : « *Les voix féminines se taisent là où commence l'action concrète [...] les vraies commandes du monde n'ont jamais été aux mains des femmes ; elles n'ont pas agi sur les techniques ni sur l'économie, elles n'ont pas fait ni défait des États, elles n'ont pas découvert des mondes*[35]. » Les travaux d'historiennes, telle que Michelle Perrot, ont depuis mis ce verdict en question[36].

Enfin, si *Le Deuxième Sexe* est considéré dès sa parution comme l'un des livres fondateurs du féminisme contemporain, pourtant, lorsqu'elle l'écrit, Beauvoir ne se conçoit pas elle-même comme féministe. En 1949, elle ignore encore très largement l'histoire des luttes des femmes et des luttes féministes, et se figure le « *féminisme* » comme une lutte de prestige en vue d'affirmer la « *supériorité* » (esthétique, intellectuelle ou morale) des femmes sur les hommes. Aussi écrit-elle dans l'introduction de son ouvrage : « *La querelle du féminisme a fait couler assez d'encre, à présent elle est à peu près close : n'en parlons plus*[37]. » Il faudra attendre les années 1970 pour que, dans *Tout compte fait*, Beauvoir se présente positivement en tant que féministe désormais engagée auprès des luttes ayant suivi la création du Mouvement de libération des femmes. À partir de là, elle se présente même comme une activiste radicale, se rangeant aux côtés de combats majeurs : elle rédige et signe notamment le Manifeste des 343, affirmant avoir eu illégalement recours à l'avortement.

Beauvoir en son temps : la réception immédiate du *Deuxième Sexe*

Dès la parution du *Deuxième Sexe*, le courage politique et les propositions intellectuelles de Beauvoir sont systématiquement attaquées, à droite comme à gauche. Dans le même temps, l'ouvrage bouleverse des milliers de femmes et est vivement soutenu par des féministes avant-gardistes.

Les premières réactions au *Deuxième Sexe* sont dirigées contre le chapitre « L'initiation sexuelle de la femme », paru dans *Les Temps modernes* dès mai 1949. Dans *Le Figaro*, François Mauriac s'émeut. Qu'adviendrait-il si les femmes quittaient leur seul statut d'objets de désir pour devenir sujets de désir, si les relations sexuelles en général devenaient plus libres : « *Si depuis qu'il y a des hommes, les législations ne considèrent pas l'acte sexuel comme un geste pareil aux autres, c'est qu'il incarne une force dont la puissance explosive doit être "traitée" pour qu'elle ne devienne pas destructrice.* » Selon lui, le propos de Beauvoir implique le « *recours systématique, dans les Lettres, aux forces instinctives et à la démence* » et représente un « *danger pour l'individu, pour la nation, pour la littérature elle-même* »[38]. Pierre Néraud de Boisdeffre, élève à l'ENA, qui se revendique de droite, lui emboîte le pas. À ses yeux, la voix de Beauvoir ne saurait avoir de succès qu'« *auprès des invertis et des excités* ». Et de regretter la « *vieille gauloiserie française, cet équilibre des pays latins* »[39]. Dans sa correspondance privée, Mauriac se déchaîne avec une haine sans limites contre la philosophe et contre toutes les femmes ayant l'impudence de contester la distribution traditionnelle des identités et des rôles : « *Ces idiotes instruites [...] il faudrait les mettre dans une garderie d'enfants à torcher des derrières et à vider des pots jusqu'à la mort*[40]. » (!) L'activisme de droite contre l'ouvrage perdure dans le temps ; sept ans plus tard, en 1956, des philosophes anonymes (vraisemblablement Jean Guitton, Étienne Borne et Gabriel Marcel) parviennent à convaincre le Vatican de mettre l'ouvrage à l'index[41].

D'autres chapitres paraissent, puis l'ouvrage en sa totalité à la fin 1949. La majorité des articles de presse attaque désormais systématiquement Simone de Beauvoir *en tant que femme*, soulignant le fait que prendre la parole sur le désir, la sexualité, les rapports sociaux entre hommes et femmes, c'est faire défaut à la pudeur, la retenue, la délicatesse et la discrétion attendues des dames. Aux yeux de l'écrivain d'extrême droite Roger Nimier, *Le Deuxième Sexe* est avant tout « *vulgarité*[42] ». Certains se désolent de voir bientôt disparaître l'érotisme discret, ou plus généralement l'amour hétérosexuel sous ses formes traditionnelles. Beauvoir aurait-elle l'audace d'espérer « *être considérée, non comme femme, mais comme être humain*[43] » ? Le romancier gaulliste Armand Hoog lui répond, avec le sentiment du bon sens : « *Mais enfin Mme Simone de Beauvoir est née femme, et je ne vois pas bien ce qu'elle y pourra changer [...] le destin ne se laisse guère nier*[44]. » Les entreprises de dénigrement psychologique de Beauvoir sont dès lors légion. Par frustration, elle se serait appliquée à « *refuser la féminité*[45] » ; « *bacchante* », « *amazone* »[46], en proie à un « *mépris assez féroce de l'homme*[47] », elle écrirait par « *ressentiment*[48] ».

Bien souvent, signe ultime du sexisme de la réception de l'œuvre, Simone de Beauvoir n'est présentée que comme simple disciple du « *grand homme* » Jean-Paul Sartre. Au point que

SELON MAURIAC, *LE DEUXIÈME SEXE* EST UN « *DANGER POUR L'INDIVIDU, POUR LA NATION, POUR LA LITTÉRATURE ELLE-MÊME* ».

dans les recensions mêmes du *Deuxième Sexe*, c'est régulièrement à Sartre que les reproches sont adressés ! Comme si les propositions beauvoiriennes n'étaient jamais rien qu'un écho de la pensée de son compagnon. Nommée « *grande vestale de l'existentialisme*[49] », « *lieutenante de Jean-Paul Sartre*[50] », « *vivant à l'ombre du grand homme*[51] », elle est, au mieux, reconnue comme « *le disciple le plus fort et le plus original, malgré son attachement au maître*[52] ». Thierry Maulnier parle ainsi de la « *philosophie sartrienne, mise en œuvre par Mme Simone de Beauvoir dans* Le Deuxième Sexe[53] ». Selon une logique comparable, Beauvoir est parfois également présentée comme une simple freudienne (alors même qu'elle critique très vivement la théorie du psychanalyste viennois selon laquelle les petites filles se vivraient elles-mêmes comme des petits garçons « *castrés* ») : Mauriac juge que derrière Beauvoir, « *Freud est responsable*[54] ».

L'un des événements remarquables dans la réception du *Deuxième Sexe* est la virulence qui a agité l'extrême gauche, signe que les valeurs patriarcales traversent toutes les frontières politiques. Aimé Patri, socialiste et professeur de philosophie, prophétise que *Le Deuxième Sexe* engendrera ce qu'il nomme l'« *amorphisme* » : « *Si, par égalité, on entend interchangeabilité, il faudrait que, les hommes ayant fait déjà couper leurs barbes et les femmes leurs cheveux, on assiste à l'avènement d'une espèce de "neutres" comparables aux "ouvrières" des ruches d'abeilles qui sont, comme on le sait, des femelles dégénérées*[55]. » De jeunes militants communistes répondent à l'enquête lancée par *Le Figaro* à l'initiative de Mauriac. L'un d'eux craint qu'à trop se soucier de l'égalité des sexes, « *on assiste à la faillite déclarée de la conception chevaleresque de l'amour*[56] ». Jean Kanapa, ancien élève de Sartre, communiste, préférerait que les règles restent un sujet tabou : « *La représentation [...] des menstrues est-elle donc "la vérité dans toute sa franchise" ? Non. Mensonge et perversion*[57]. » Dans son numéro du 17-25 novembre 1949, l'hebdomadaire communiste *Action* va jusqu'à accompagner sa recension assassine de l'ouvrage de Beauvoir d'une photo de femme en train d'embrasser un singe. Ces réactions font écho à la fin de non-recevoir que Lénine avait opposée aux réflexions féministes de son amante Clara Zetkin, l'accusant d'affaiblir la marche en avant du prolétariat[58], et pèsent directement sur les femmes communistes. Dans la revue communiste *Les Lettres françaises*, Marie-Louise Barron déclare imaginer « *le franc succès de rigolade qu'obtiendrait Mme de Beauvoir dans un atelier de Billancourt*[59] ». Une autre intellectuelle communiste, Jeannette Prenant, représente l'exigence beauvoirienne de liberté comme un danger pour le couple, la fidélité, la stabilité nécessaire à l'édification du socialisme, et enfin la maternité, « *sentiment le plus naturel à toutes les femmes*[60] ».

Est-ce à dire que les femmes des années 1950 rejettent la description proposée par Beauvoir de leur « *expérience vécue* » ? Bien au contraire. En vérité, rares sont les femmes invitées à prendre la parole en 1949 au sujet du livre. Les rédactions des journaux et des revues, composées en quasi-totalité d'hommes, choisissent sciemment de ne donner voix qu'à celles qui sont

AU-DELÀ DE LA RÉCEPTION INTELLECTUELLE ET POLITIQUE, CE SONT D'INNOMBRABLES LECTRICES ANONYMES QUI ÉPROUVENT CETTE LECTURE COMME UN CHOC.

opposées à Beauvoir. Ainsi, dans *Réforme*, la protestante Hélène Bérard invoque la «*perspective biblique*» contre la transformation de la société en «*jungle érotique*» que Beauvoir appellerait de ses vœux; elle renvoie à la «*vocation décrite au chapitre de la Genèse où Dieu, dans le premier récit de la Création, créa l'homme "mâle et femelle"*»[61]. Mais en réalité, celles pour qui *Le Deuxième Sexe* constitue un choc sont innombrables.

Chez les communistes, Dominique Desanti confie dans les années 1970 avoir voulu montrer l'importance du *Deuxième Sexe* dans la revue *La Nouvelle Critique*: «*Je l'ai ressenti comme une prise de conscience soudaine, un livre profondément révolutionnaire*[62]»; Kanapa, assisté du comité de rédaction composé d'hommes, écarte sciemment son texte au profit de celui de Prenant[63]. Colette Audry, écrivaine féministe socialiste, ancienne résistante, répond à Marie-Louise Barron: «*C'est estimer bien peu les ouvrières de Billancourt que de penser qu'elles se moqueraient ainsi d'une œuvre qui, à la fois, insiste sur l'importance historique de l'entrée des femmes dans la production, sur le rôle du prolétariat féminin dans la conquête des droits acquis aujourd'hui par l'ensemble des femmes, et passe en revue tous les problèmes auxquels se heurtent concrètement, quotidiennement, les travailleuses*[64].» La philosophe Francine Béris insiste, elle, sur le sens politique profond du texte: «*Simone de Beauvoir est nette: aucun être humain ne doit être opprimé à la naissance, qu'il soit nègre, juif, prolétaire ou femme. Il doit pouvoir librement réaliser ses possibilités, et tout ce qui tend à faire de lui un objet, un esclave au service d'un autre doit être éliminé*[65].» Nombre de femmes de droite sont également fortement ébranlées par la lecture du *Deuxième Sexe*. Parmi elles, Dominique Aury le confie: «*La conscience, la patience, la passion de l'auteur forcent l'admiration. […] de passer dans l'esprit, puis dans les mots, le malheur change. Il devient différent de soi, on s'en dépouille. C'est en cela surtout que Simone de Beauvoir transforme quelque chose*[66].»

Mais plus largement, au-delà de la réception intellectuelle et politique de l'ouvrage, ce sont d'innombrables lectrices anonymes qui éprouvent puissamment la lecture du *Deuxième Sexe* comme un choc. D'après Marine Rouch, spécialiste de la correspondance de Simone de Beauvoir, cette dernière aurait reçu près de vingt mille lettres de lecteurs et de lectrices (aujourd'hui conservées à la BNF)[67]. Dans beaucoup de ces courriers, l'émotion est palpable; le 23 septembre 1952, une lectrice écrit: «*J'ai été bouleversée de constater que vous exprimiez avec tant de pénétrante lucidité certaines choses que je ressentais moi-même sans savoir les traduire*[68].» Plusieurs autres mettent en avant le sentiment de ne plus s'éprouver seule, l'appropriation par la lecture d'un arsenal de réflexions critiques agissant comme une aide et une occasion d'*empowerment*. Une jeune femme de vingt-trois ans confie à Simone de Beauvoir: «*Ce fut une révélation assez violente; d'abord un très lent réveil à la dignité, c'est assez mal dit, mais je crois, oui, très sincèrement que ces deux livres m'ont redonné l'utilité de vivre et surtout de ne pas éternellement subir*[69]. » Selon Marine Rouch, « *dans un contexte où la relève militante commence à peine à se dessiner [...] et où aucun mouvement social d'envergure ne permet aux femmes de viser une cohésion, où les femmes sont isolées dans leur foyer,* Le Deuxième Sexe *semble bien avoir fourni la possibilité de ressentir l'appartenance à un plus grand groupe*[70] ». Michèle Le Dœuff, première grande spécialiste française de Simone de Beauvoir, revient sur la portée sociale fondatrice de la diffusion du livre : « *Dans le tête-à-tête de la lecture, des milliers de femmes ont trouvé ce qu'a pu apporter, par la suite, le fait de se retrouver ensemble dans des groupes : des repères pour prendre conscience de la situation qui est faite à chacune, un langage pour exprimer des impressions de malaise, et un partage de ce malaise [...]. Un livre qui apporte la fin d'une solitude, et qui apprend à voir, est d'une importance plus grande et plus immédiate que tous les manifestes possibles*[71]. »

Beauvoir aujourd'hui : le problème du sens de l'héritage

Des années 1970 à nos jours, la réception de Simone de Beauvoir a progressivement pris un nouveau visage. Les critiques adressées au *Deuxième Sexe* proviennent désormais principalement des féministes elles-mêmes, portées par l'exigence d'approfondir les engagements beauvoiriens ou d'aller au-delà d'eux. Simultanément, les évolutions juridiques, sociales et politiques conduisent à étendre l'acceptabilité de surface du texte : ainsi, ce sont paradoxalement parfois des auteurs et autrices plus conservateurs·trices qui se revendiquent le plus ouvertement de Simone de Beauvoir.

AUJOURD'HUI, CE SONT PARADOXALEMENT PARFOIS LES PLUS CONSERVATEURS·TRICES QUI SE REVENDIQUENT LE PLUS OUVERTEMENT DE SIMONE DE BEAUVOIR.

Durant les années 1970, des critiques nouvelles adressées au *Deuxième Sexe*, ou à d'autres textes de l'œuvre beauvoirienne, sont formulées par des féministes dites matérialistes, qui se sont pourtant revendiquées, d'une façon ou d'une autre, héritières de Simone de Beauvoir. La revue *Questions féministes*, publiée de 1977 à 1980, est le lieu par excellence de la radicalisation politique des idées venues du *Deuxième Sexe*. Simone de Beauvoir en est la directrice de publication, et elle apporte son soutien aux jeunes militantes et chercheuses que sont notamment Christine Delphy, Colette Guillaumin, Nicole-Claude Mathieu et Monique Wittig. Or la plupart de ces dernières affirment très clairement vouloir penser et agir là où *Le Deuxième Sexe* ne suffit plus. Ainsi de Colette Guillaumin, qui considère que l'on ne doit pas s'en tenir à l'idée selon laquelle les rôles sociaux, les affects, les attitudes masculines et féminines sont construites. Il faut aller jusqu'à interroger le résidu de naturalité que Beauvoir pensait trouver, en deçà de la socialisation, dans le corps masculin comme le corps féminin. Pour Guillaumin, le corps lui-même est construit : morphologie, corpulence, taille, motricité et formes d'occupation de l'espace sont notamment constituées, en fonction du genre, par la nourriture, les jeux et les activités[72]. Monique Wittig, suivant en cela Colette Guillaumin, formule le fait que « *les femmes* » ne sont pas une classe naturelle, mais une classe sociale construite par les relations d'exploitation sexuelle et économique (principalement, mais non exclusivement, dans l'espace domestique) : « *Il n'y a de sexe que ce qui est opprimé et ce qui opprime. C'est l'oppression qui crée le sexe et non l'inverse*[73]. » Si Wittig se revendique du *Deuxième Sexe* (« *"la-femme" [...] n'est pour nous qu'un mythe, de même que pour Simone de Beauvoir* »), elle refuse la référence beauvoirienne à la préhistoire et l'hypothèse défendue par Beauvoir selon laquelle « *la base de l'oppression des femmes est biologique autant qu'historique* »[74]. Wittig conclut : « *Cette façon de voir présuppose que le commencement ou la base de la société humaine repose nécessairement sur l'hétérosexualité, elle ne saurait pour moi être au départ d'une analyse lesbienne/féministe de l'oppression des femmes*[75]. » Alors que *Le Deuxième Sexe* n'aborde jamais frontalement le thème du consentement, Nicole-Claude Mathieu pointe quant à elle la nécessité d'une réflexion à ce sujet dans son article « Quand céder n'est pas consentir[76] ». Christine Delphy note néanmoins : « *Si nous pouvions juger certaines parties de ce texte "dépassées", dépassées par nous évidemment, c'était parce que nous l'avions lu, mieux : nous l'avions emmagasiné, digéré, assimilé, fait nôtre au point d'oublier – comme nos cellules oublient l'origine des aliments dont elles se sustentent – qu'il venait d'elle [Simone de Beauvoir]*[77]. »

Les féministes lesbiennes et queer approfondissent encore les critiques adressées au *Deuxième Sexe* et à son autrice par ses héritières matérialistes. Dans *Trouble dans le genre*, publié en 1990, Judith Butler rend un hommage appuyé à Beauvoir ; mais elle estime que cette dernière ne pense pas suffisamment l'inscription du genre dans le corps par le moyen des performances hétéronormées et des interventions médicales, pas plus qu'elle ne prend en compte la puissance déstabilisatrice des pratiques, politiques et identités queer et drag[78]. Avec *Queer Zones*, Sam Bourcier se montre très critique de la philosophe ; il considère qu'en présentant le lesbianisme comme l'effet d'une forme de « *choix* » en situation, Beauvoir « *entraîne un quadruple rejet des lesbiennes : leur invalidation en tant que sujet politique, le rejet de la sexualité lesbienne exclusive, le rejet d'une identité de genre [trans'] masculine constante et pour finir le rejet d'une culture source de nouvelles formes de socialité*[79] ». Dans *Devenir chienne*, Itziar Ziga, qui se revendique de l'« *hyperféminité exhibée par les travestis et certaines femmes trans* », dans la lignée de la chanteuse Alaska, propose de compléter en le rectifiant « *l'indispensable précepte que Simone de Beauvoir formulait il y a soixante ans dans* Le Deuxième Sexe *: "Non seulement on ne naît pas femme, mais aussi, d'une certaine manière, on ne le devient jamais"* »[80]. Virginie Despentes regrette dans *King Kong Théorie* que Beauvoir se range aux côtés des autrices « *qui prennent soin de montrer patte blanche, de rassurer les hommes [...] en répétant combien elles les aiment, les respectent les chérissent, et ne veulent surtout pas – quoiqu'elles écrivent – trop foutre le bordel* ». Despentes invite

« NON SEULEMENT ON NE NAÎT PAS FEMME, MAIS AUSSI, D’UNE CERTAINE MANIÈRE, ON NE LE DEVIENT JAMAIS. »

EN 1949, LES ANTIFÉMINISTES S'OPPOSAIENT À BEAUVOIR POUR EN APPELER AU *STATU QUO* EN MATIÈRE DE DROITS DES FEMMES. DE NOS JOURS, CERTAIN·E·S FONT RÉFÉRENCE AU *DEUXIÈME SEXE* POUR MONTRER QUE LES LUTTES FÉMINISTES APPARTIENNENT AU PASSÉ.

à aller plus loin : plutôt que d'interroger seulement la construction du féminin, il faudrait critiquer bien davantage les violences par lesquelles se « *construisent les virilités* »[81].

Aux États-Unis, contre la représentation beauvoirienne des femmes en sujets à la marge de l'histoire, aux trajectoires toutes tracées par les hommes, Angela Davis met l'accent sur les engagements, les résistances et le courage des femmes. Elle raconte ainsi, dans *Femmes, race et classe* les exploits d'Harriet Tubman, qui mena des troupes de combattants pendant la guerre de Sécession et organisa clandestinement le passage de centaines d'esclaves vers les États du Nord *via* l'*Underground Railroad*[82]. Avec *Blues et féminisme noir*, c'est l'audace de la chanteuse de blues Ma Rainey qu'elle fait résonner, retraçant sa vie de provocations, les défis lancés par l'imagerie sexuelle et amoureuse véhiculée par ses paroles, la force d'émancipation de ses récits et de ses chants pour la conscience noire[83]. Plus généralement, les féministes noires montrent que, contrairement au jugement de Simone de Beauvoir dans *Le Deuxième Sexe*, l'oppression des femmes n'a pas existé sous une forme universelle, traversant la quasi-totalité des lieux et des époques. À l'époque contemporaine, les femmes blanches et les femmes noires (en particulier dans les pays ayant pratiqué l'esclavage ou conduit des entreprises de colonisation), les femmes des classes bourgeoises et celles des classes populaires (notamment paysannes et ouvrières) n'ont pas expérimenté les mêmes formes de violence et d'exploitation. Ainsi, bell hooks juge-t-elle que « *la hâte avec laquelle les féministes ont perpétué l'idée que "le travail libère les femmes" a éloigné de nombreuses femmes pauvres et de la classe ouvrière, surtout non blanches, du mouvement féministe [...]. Les femmes pauvres et de la classe ouvrière savaient de par leur expérience de travailleuse que le travail n'est ni émancipateur ni épanouissant*[84] ». Abir Kréfa et Amélie Le Renard estiment pour leur part qu'en défendant avec Beauvoir l'idée selon laquelle toute lutte féministe supposerait un positionnement athée et anticlérical, on se dispose, dans le contexte de la France postcoloniale, à adopter vis-à-vis des femmes musulmanes « *deux stéréotypes complémentaires : celui, d'une part, de la femme musulmane aliénée car adhérant à une religion qui ne peut que l'opprimer ; celui, d'autre part, de la femme qui, née dans une famille ou une "communauté" musulmane, ne peut se libérer qu'en rompant avec l'islam*[85] » ; ces stéréotypes conjoignent la représentation réductrice des femmes en sujets passifs et le fantasme impérialiste de la mission civilisatrice de l'Occident.

Parallèlement à ces critiques, ce sont désormais des voix plus centristes, voire franchement conservatrices, qui s'entendent à présenter Beauvoir en emblème exclusif et indépassable du féminisme. En France, la raison de ce changement peut être cherchée dans les progrès juridiques consécutifs aux luttes féministes du xxe siècle. En 1965, les femmes obtiennent le droit d'ouvrir un compte en banque sans l'autorisation de leur mari. En 1967, la loi Neuwirth autorise l'accès à la contraception. En 1970, la mère devient l'égale du père en matière d'autorité parentale. En 1975, la loi Veil dépénalise l'avortement en France. En 1990, la Cour de cassation rend un arrêt reconnaissant et condamnant le viol conjugal. Certaines de ces lois – obtenues au terme de luttes intenses – sont insuffisantes, mal appliquées, régulièrement attaquées. Cependant, comme le souligne Catherine Rodgers, elles peuvent susciter, à tort ou à raison, le sentiment qu'« *un certain nombre d'idées exprimées dans* Le Deuxième Sexe *et qui avaient choqué en 49 parce qu'elles étaient alors révolutionnaires ou du moins controversées [...] [commencent] à se diffuser dans l'ensemble de la société*[86] ». En conséquence, tandis qu'en 1949 les divers courants antiféministes se positionnaient contre Beauvoir pour en appeler au *statu quo* en matière de droits des femmes, depuis les années 1980 et en particulier de nos jours, il devient paradoxalement possible de faire référence au *Deuxième Sexe* en vue d'appuyer l'idée que les luttes féministes auraient été globalement gagnées et appartiendraient désormais au passé. Le fait que certaines propositions capitales du *Deuxième Sexe* ont trouvé un écho dans des avancées législatives est alors pris comme argument dans le but d'affirmer que l'égalité entre hommes et femmes (que l'on sépare alors généralement de la question des violences de genre[87]) serait proche d'être pleinement réalisée. C'est pourquoi, au nom des « acquis » de l'histoire, les revendications et travaux féministes contemporains font l'objet d'attaques sans merci. Ainsi, tout en renvoyant à Beauvoir, Hervé Le Bras et Marcela Iacub défendent l'idée selon laquelle l'Enquête nationale sur les violences envers les femmes en France (Enveff, présentée en 2003[88]) exagérerait des violences déjà largement endiguées par les progrès juridiques ! Selon Iacub et Le Bras, il serait bien plus sage d'en finir avec le féminisme « *victimiste*[89] » contemporain. Autre exemple : Élisabeth Badinter proclame régulièrement l'importance du *Deuxième Sexe*, mais c'est généralement pour mieux fustiger de nombreuses luttes féministes actuelles qui feraient « *fausse route*[90] ». Selon elle, les années 1980 ont signé « *qu'on le veuille ou non [...] la fin du patriarcat* ». Aussi Badinter regrette-t-elle également la démarche « *victimiste* » consistant à faire que « *le coupable est pointé du doigt [...] : c'est l'homme dans tous ses états* ». Contrairement à la « *bourgeoise du VIIe* » vivant dans une France d'après le patriarcat, la « *jeune Beurette des banlieues* » serait presque seule à subir une forme de domination masculine. Les diagnostics adoptés par Badinter reconduisent dès lors les stéréotypes pointés du doigt par Kréfa et Le Renard : « *Dans les familles maghrébines, les instruments d'oppression sont plus forts* », de sorte qu'il faudrait, pour desserrer lesdits instruments, commencer par « *interdire* *le voile dans les écoles*». Le péché originel du féminisme français contemporain, alimenté par divers féminismes américains, est de s'être construit comme un «*féminisme postbeauvoirien [...] bigarré voire contradictoire*[91]». Ainsi, les critiques contemporaines du harcèlement et du viol au prisme du lien entre genre et violences masculines, les déconstructions critiques du genre comme les intersections entre féminisme et antiracisme... aucune de ces veines plus récentes du féminisme n'est admise par Badinter et bien d'autres personnalités intellectuelles ou médiatiques.

SI LA RÉFÉRENCE À BEAUVOIR SERT PARFOIS D'ALIBI À DES ENGAGEMENTS POLITIQUES CONSERVATEURS, LA FORCE INTELLECTUELLE, CRITIQUE ET SUBVERSIVE DU *DEUXIÈME SEXE* DEMEURE VIVACE.

Cependant, même si la référence à Simone de Beauvoir sert parfois d'alibi à diverses thèses et engagements politiques conservateurs, la force intellectuelle, critique et subversive du *Deuxième Sexe* demeure vivace. On peut le mesurer aux réticences et résistances de certains départements universitaires de philosophie quant au fait d'inscrire la pensée beauvoirienne au sein de l'histoire de la philosophie contemporaine. Le mesurer aux nombreux ouvrages consacrés à l'existentialisme et à la phénoménologie qui continuent de faire l'impasse sur la place décisive de Simone de Beauvoir, en la présentant au mieux, de façon marginale, comme la compagne de Sartre[92]. Ou encore au fait que les polémistes les plus droitiers et les plus vivement antiféministes la désignent toujours comme adversaire, à l'instar d'Éric Zemmour dans *Le Premier Sexe* en 2006 ou d'Eugénie Bastié dans *Adieu mademoiselle. La Défaite des femmes* en 2016.

Une raison en particulier situe nettement Beauvoir du côté de ses héritières critiques, féministes matérialistes, queer ou féministes décoloniales. Beauvoir elle-même a en effet ouvert la voie à son propre dépassement de son vivant, lorsqu'elle a salué les avancées du féminisme matérialiste alors qu'elle était elle-même plus âgée, lorsqu'elle a reconnu que le masculin est tout aussi construit et problématique que le féminin («*ma thèse est exacte et demanderait seulement à être complétée: "On ne naît pas mâle, on le devient"*») ou encore lorsqu'elle a admis la complexité de la relation entre lutte des classes et luttes féministes tout en soulignant l'intérêt d'une perspective féministe axée sur l'exigence de «*décolonisation*»[93]. Tout au long de sa vie, l'histoire personnelle de Beauvoir aura été celle d'une politisation croissante. Alors qu'à la fin des années 1940, sa vision des femmes musulmanes était encore caricaturale et orientalisante, elle prit résolument la défense de la militante du FLN Djamila Boupacha pendant la guerre d'Algérie, et identifia brièvement, dans *La Force des choses*, la stigmatisation de l'islam, chez les hommes comme chez les femmes, comme l'un des instruments de l'impérialisme français[94].

Beauvoir a pratiqué la critique politique de soi jusqu'à la fin de sa vie. C'est peut-être aujourd'hui la redécouverte de cet aspect de son travail, tout particulièrement sensible dans ses mémoires où elle revient sur la genèse et la réception du *Deuxième sexe*, qui peut nous offrir sa voix forte et vivante.

L'HISTOIRE PERSONNELLE DE BEAUVOIR AURA ÉTÉ CELLE D'UNE POLITISATION CROISSANTE.

Je tiens à remercier tout particulièrement Pamina Guyot-Sionnest pour tous les échanges intellectuels et critiques sans lesquels l'écriture de cet article n'aurait pas été possible.

1. À l'instar des victimes de la Ligue du LOL, de la développeuse Zoë Quinn et de la blogueuse Anita Sarkeesian à la suite de leurs prises de position féministes au sujet de l'industrie du jeu vidéo, de Rokhaya Diallo (voir son documentaire *Les Réseaux de la haine*, diffusé en 2015) et de bien d'autres, les féministes font régulièrement l'objet de très violentes campagnes de harcèlement, notamment en ligne, incluant insultes, menaces de viol et menaces de mort, etc. Sur ce point, le travail du collectif « Féministes contre le cyber harcèlement » est précieux : <https://www.vscyberh.org/>.

2. S. de Beauvoir, *La Force des choses*, Paris, Gallimard, 1963, p. 260-261.

3. *Cf.* R. Zach, « Who's the most famous philosopher of the 20th century ? », blog de Richard Zach, University of Calgary, 3 mars 2009.

4. D. Bair, *Simone de Beauvoir*, Paris, Fayard, 1991 ; T. Moi, *Simone de Beauvoir. Conflits d'une intellectuelle*, Paris, Diderot Éditeur, 1995 ; D. Sallenave, *Castor de guerre*, Paris, Gallimard, 2008 ; K. Kirkpatrick, *Devenir Beauvoir. La force de la volonté*, Paris, Flammarion, 2020.

5. V. Linhart, *Simone de Beauvoir*, Zadig Productions/ADAV, 2007 ; D. Gros, *Simone de Beauvoir, une femme actuelle*, Les Films d'ici/La Maison du doc/ ARTE Éditions, 2007 ; P. Séguin, *Je veux tout savoir de la vie. La liberté selon Simone de Beauvoir*, Saraband Films/INA/ La Chaîne parlementaire, 2008 ; F. Gardel et M. Weschler, *Simone de Beauvoir, l'aventure d'être soi*, Zadig Productions, 2021.

6. « La Grande Table » (en particulier : C. Broué, « Pourquoi lire ou relire Simone de Beauvoir », France Culture, 2013), C. Lecerf, « Simone de Beauvoir, absolument », France Culture, 2015 ; A. Van Reeth, « Confinés avec Simone de Beauvoir », France Culture, 2020 ; L. Adler, « Simone de Beauvoir, voix essentielle du féminisme », France Inter, 2020.

7. Notamment *Les Amants du Flore*, téléfilm de Ilan Duran Cohen avec Anna Mouglalis dans le rôle de Simone de Beauvoir.

8. G. Fraisse, *Le Privilège de Simone de Beauvoir*, Paris, Actes Sud, 2008 ; M. Garcia, *On ne naît pas soumise, on le devient*, Paris, Flammarion, 2018 ; un « Que sais-je ? » consacré à Beauvoir en 2019 signé par Éric Touya de Marenne…

9. S. Bourcier, *Queer Zones. La trilogie*, Paris, Amsterdam, 2018, p. 123-131.

10. S. Mestiri, *Décoloniser le féminisme*, Paris, Vrin, 2016, p. 92. En français, *cf.* L. Abu Lughod, « Écrire contre la culture. Réflexions à partir d'une anthropologie de l'entre-deux », *in* G. Rozenberg (dir.), « La culture en débat, l'anthropologie en question », dossier, *Les Carnets de Bérose*, n° 13, 2020, p. 78-111 ; et S. Mahmood, *Politique de la piété. Le féminisme à l'épreuve du renouveau islamique*, Paris, La Découverte, 2009.

11. P. B. Preciado, *Testo Junkie*, Paris, Grasset, 2008, p. 278.
12. *Cf.* C. Rodgers, *Le Deuxième Sexe de Simone de Beauvoir. Un héritage admiré et contesté*, Paris, L'Harmattan, 1998, p. 95 et 104.
13. S. de Beauvoir, *Le Deuxième Sexe. Tome 1 : Les faits et les mythes* (1949), Paris, Gallimard, « Folio », 1973, p. 111-112. Dans la suite des notes, cet ouvrage sera référencé sous la mention « T. 1 ».
14. *Cf.* P. Touraille, « Taille », *in* J. Rennes *et al.* (dir.), *Encyclopédie critique du genre*, Paris, La Découverte, 2016, p. 614-627 ; A. Roth et S. A. Basow, « Femininity, sports, and feminism : developing a theory of physical liberation », *Journal of Sport and Social Issues*, vol. 28, n° 3, 2004, p. 245-265.
15. T. 1, p. 117.
16. *Ibid.*, p. 72.
17. *Ibid.*, p. 75.
18. *Ibid.*, p. 37.
19. *Ibid.*, p. 17.
20. *Ibid.*, p. 319.
21. S. de Beauvoir, *Tout compte fait*, Paris, Gallimard, 1972, p. 614.
22. S. de Beauvoir, *Le Deuxième Sexe. Tome 2 : L'expérience vécue*, p. 13. Dans la suite des notes, cet ouvrage sera référencé sous la mention « T. 2 ».
23. *Ibid.*
24. *Ibid.*, p. 190.
25. *Ibid.*, p. 192.
26. *Ibid.*, p. 208. Il est même vain, à ses yeux, de prétendre catégoriser des « types » de lesbiennes (p. 209).
27. *Ibid.*, p. 210.
28. *Ibid.*, p. 192.
29. *Ibid.*, p. 198.
30. *Ibid.*, p. 209-211.
31. S. Bourcier, *Queer Zones*, *op. cit.*, p. 128.
32. T. 2, p. 9.
33. *Ibid.*, p. 138.
34. *Ibid.*, p. 142.
35. T. 1, p. 225.
36. *Cf.* son *Histoire des femmes en Occident*, codirigée avec G. Duby, Paris, Plon, 1990-1991 (5 vol.) ; et *Les Femmes ou les Silences de l'histoire*, Paris, Flammarion, 1998.
37. T. 1, p. 13.
38. F. Mauriac, « Demande d'enquête », *Le Figaro*, 30 mai 1949. L'ensemble des textes qui suivent, consacrés à la réception immédiate du *Deuxième Sexe*, ont été rassemblés par I. Galster dans *Le Deuxième Sexe de Simone de Beauvoir*, Paris, Presses de l'Université Paris-Sorbonne, 2004.
39. P. de Boisdeffre et F. Saint-Anne [R. Nimier], « Témoignages en marge d'une enquête », *Liberté de l'esprit*, n° 6, été 1949.
40. F. Mauriac, « Lettre à Jean-Louis Curtis, 1950 », *Nouvelles Lettres d'une vie (1906-1970)*, Paris, Grasset, 1989, p. 258.
41. *Cf.* I. Galster, *Le Deuxième Sexe de Simone de Beauvoir*, *op. cit.*, p. 305.
42. R. Nimier, « Le retour d'Andrée Hacquebaut », *Liberté de l'esprit*, avril 1949.
43. A. Hoog, « Madame de Beauvoir et son sexe », *La Nef*, n° 56, août 1949.
44. *Ibid.*
45. *Ibid.*.
46. A. Rousseaux, « Le deuxième sexe », *Le Figaro Littéraire*, 12 novembre 1949.
47. A. Pierhal, « Littérateurs et philosophes », *La Croix*, 27-28 novembre 1949.
48. E. Mounier, « La condition humaine. Simone de Beauvoir : Le deuxième sexe », *Esprit*, n° 12, 17 décembre 1949.
49. J. Palaiseul, « Simone de Beauvoir commet le péché de la chair », *Noir et Blanc*, 15 juin 1949.
50. Anonyme, « Une femme appelle les femmes à la liberté », *Paris-Match*, n° 20, 6 août 1949.
51. A. Patri, « Y a-t-il un éternel féminin ? », *Paru*, août-septembre 1949.
52. R. Kemp, « Évadés de l'existentialisme », *Les Nouvelles littéraires*, 4 août 1949.
53. T. Maulnier, « Une femme parle des femmes », *Hommes et Mondes*, n° 38, septembre 1949.
54. F. Mauriac, « Demande d'enquête », art. cit.
55. A. Patri, « Y a-t-il un éternel féminin ? », art. cit.
56. « Réponses de Michel Sinniger, Pierre Carrigue, Dominique Fernandez, Pierre Blanchet, Jacques Doucet, Maurice Dubouis, Jean-Louis Bédouin, Pierre Vidal-Naquet, Georges Lambrichs », *Le Figaro littéraire*, 2 juillet 1949.
57. J. Kanapa, *La Nouvelle Critique*, n° 8, juillet-août 1949.
58. Sur ce point, *cf.* C. Lonzi, *Crachons sur Hegel. Une révolte féministe*, Paris, Eterotopia, 2017.
59. M.-L. Barron, « De Simone de Beauvoir à Amour Digest. Les croisés de l'émancipation par le sexe », *Les Lettres françaises*, 23 juin 1949.
60. J. Prenant, « Les trois "K" de la démocratie occidentale. À propos de Simone de Beauvoir et de quelques autres », *La Nouvelle Critique*, avril 1951.
61. H. Bérard, « Un féminisme noir », *Réforme*, 10 décembre 1949.
62. D. Desanti, *Les Staliniens (1944-1956). Une expérience politique*, Paris, Fayard, 1975, p. 244.
63. *Ibid.*, p. 244-246.
64. C. Audry, « "Le 2e Sexe" et la presse. Livre très lu, mal lu et mal compris », *Combat*, 22 décembre 1949.
65. F. Béris, « Simone de Beauvoir. Le Deuxième Sexe », *La Nef*, n° 56, août 1949.

66. D. Aury, « Le visage de Méduse », *Contemporains*, décembre 1950.
67. M. Rouch, « La fabrique d'une Ariane moderne : réception, influence et appropriations de Simone de Beauvoir par les femmes (1949-1963) », Communication Jeunes Chercheurs dans la Cité, *La Littérature ajourd'hui ? Sujet, objet, médium*, avril 2016. Les extraits des lettres cités ci-dessous et de nombreux autres sont accessibles dans les articles en libre accès de Marine Rouch.
68. BNF, fonds NAF 28501, lettre du 23 septembre 1952.
69. *Ibid.*, lettre du 28 septembre 1959.
70. M. Rouch, « Les femmes ordinaires et *Le Deuxième Sexe* », Carnet Hypothèse « Chère Simone de Beauvoir », 24 août 2019.
71. M. Le Dœuff, *L'Étude et le Rouet. Des femmes et de la philosophie, etc.*, Paris, Seuil, 1989, p. 70-71.
72. *Cf.* C. Guillaumin, *Sexe, race et pratique du pouvoir. L'idée de nature*, Donnemarie-Dontilly, iXe, 2016 (1992), notamment les articles « Pratique du pouvoir et idée de nature », p. 13-78, et « Le corps construit », p. 113-136.
73. M. Wittig, « La catégorie de sexe », *La Pensée straight*, Paris, Amsterdam, 2013, p. 38.
74. M. Wittig, « On ne naît pas femme », *Ibid.*, p. 46.
75. *Ibid.*, p. 46-47.
76. N.-C. Mathieu, « Quand céder n'est pas consentir » (1985), repr. in *L'Anatomie politique*, Donnemarie-Dontilly, iXe, 2013, p. 121-208.
77. C. Delphy, « Trente ans de *Nouvelles Questions féministes* », *Nouvelles Questions féministes*, vol. 30, n° 2, 2011, p. 6.
78. J. Butler, *Trouble dans le genre. Le féminisme et la subversion de l'identité*, Paris, La Découverte, 2005 (1990), p. 75-78 notamment.
79. S. Bourcier, *Queer Zones*, *op. cit.*, p. 127.
80. I. Ziga, *Devenir chienne*, Paris, Cambourakis, 2020 (2009), p. 27 et 30.
81. V. Despentes, *King Kong Théorie*, Paris, Grasset, 2006, p. 137 et 34.
82. A. Davis, *Femmes, race et classe*, Paris, Éditions *Des femmes*, « Des femmes », 1983 (1981), p. 20-21.
83. A. Davis, *Blues et féminisme noir*, Paris, Libertalia, 2017 (1998), p. 33 *sq.*
84. b. hooks, *De la marge au centre. Théorie féministe*, Paris, Cambourakis, 2017 (1984), p. 195-196.
85. A. Kréfa et A. Le Renard, *Genre et féminisme au Moyen-Orient et au Maghreb*, Paris, Amsterdam, 2020, p. 11.
86. C. Rodgers, *Le Deuxième Sexe de Simone de Beauvoir*, *op. cit.*, p. 25-26.
87. Sur les violences de genre, *cf.* I. Simonetti, « Violence (et genre) », *in* J. Rennes *et al.* (dir.), *Encyclopédie critique du genre*, *op. cit.*, p. 681-690.
88. L'enquête est disponible à l'adresse suivante : <http://femmes.gouv.fr/wp-content/uploads/2012/11/2000_ENVEFF-metropoler.pdf>.
89. M. Iacub et H. Le Bras, « Homo mulieri lupus ? », *Les Temps Modernes*, n° 2, 2003, p. 131.
90. *Cf.* E. Badinter, *Fausse route*, Paris, Odile Jacob, 2003. *Cf.* la recension proposée par M. Rose, C. Perrin, P. Roux et L. Gillioz dans la revue *Nouvelles Questions féministes*, « Sursaut antiféministe dans les salons parisiens », n° 3, 2003, p. 88-100.
91. E. Badinter, *Fausse route*, *op. cit.*, p. 12, 18-19, 194 et 52.
92. *Cf.* par ex. C. Romano, *Au cœur de la raison, la phénoménologie*, Paris, Gallimard, 2010, riche ouvrage de plus de mille pages dans lequel Beauvoir n'est nommée qu'une seule fois ; et F. Worms, *La Philosophie en France au XXe siècle*, Paris, Gallimard, 2009, où Beauvoir n'est tout simplement pas citée.
93. S. de Beauvoir, *Tout compte fait*, *op. cit.*, p. 614 et 621, où Beauvoir emploie elle-même le terme de décolonisation.
94. Dans *La Force des choses*, Beauvoir livre un récit politique de sa prise de conscience accrue pendant la guerre d'Algérie. Elle présente en particulier les crimes militaires de la France et sa lutte personnelle contre la torture et les non-dits, la censure et la violence policière : « *Ce n'est pas de mon plein gré […] que j'ai laissé la guerre d'Algérie envahir ma pensée, mon sommeil, mes humeurs […]. J'avais besoin de mon estime pour vivre et je me voyais avec les yeux des femmes vingt fois violées, des hommes aux os brisés, des enfants fous : une Française.* » (*op. cit.*, p. 120 et 125.)

ÊTRE FORT COMME

Sport, islam et politique

PAR LUKAS AUBIN

UN TCHÉTCHÈNE
sous Ramzan Kadyrov

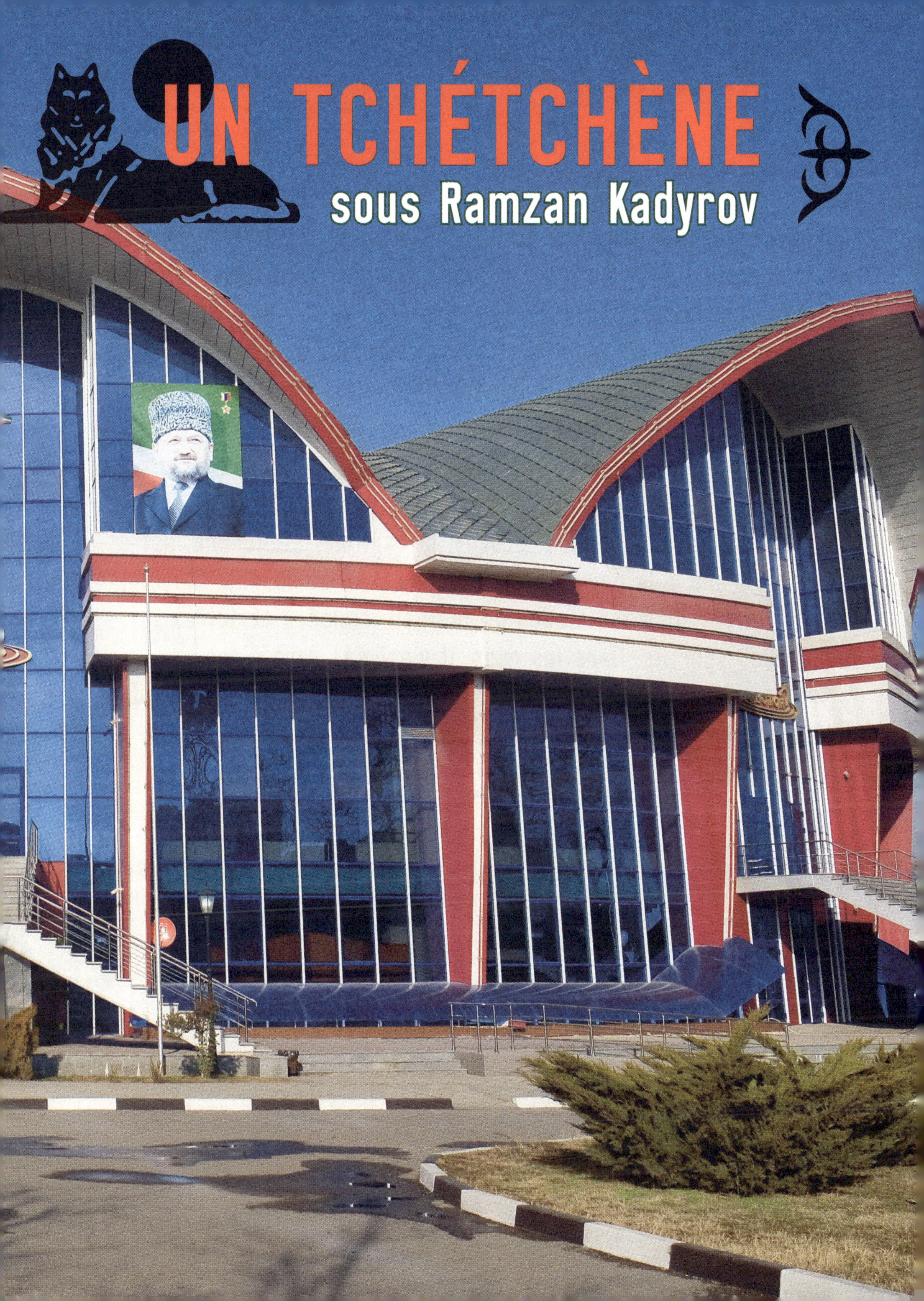

Pages précédentes : l'entrée principale du Colosseum. À gauche Vladimir Poutine, à droite Akhmat Kadyrov, avec un *Kadyrovtsy* au premier plan.

Voilà près de quinze ans que Ramzan Kadyrov est arrivé au pouvoir en Tchétchénie. « *Fidèle fantassin* » de Vladimir Poutine selon ses propres mots, il met un point d'honneur à suivre la ligne politique du président russe. Son but ? Faire renaître la région mise à mal par deux guerres *via* trois axes principaux entremêlés : le soufisme, sa personne et… le sport. À l'instar de Poutine, Kadyrov ne cesse de se mettre en scène en train de pratiquer une activité sportive, à la télévision, sur les réseaux sociaux ou dans les journaux locaux. Par l'intermédiaire de son corps, il se veut l'allégorie de la Tchétchénie en train de se reconstruire. Grozny, la capitale tchétchène, est désormais une ville nouvelle. Aux minarets et croissants musulmans se mêlent par dizaines stades de football, colisées et autres complexes sportifs. Dans les rues, il n'est pas rare d'apercevoir des affiches à la gloire de Kadyrov et de ses proches représentés dans des postures athlétiques avantageuses. Reportage, entre ciel et sport, au cœur de ce régime autoritaire.

La Russie est un pays de paradoxes. Je quitte la République de Kalmoukie et ses temples bouddhistes pour la Tchétchénie et ses gigantesques mosquées. Je laisse les steppes gelées pour les palmiers des contreforts du Caucase. Sur la route, les chevaux sauvages disparaissent au profit des minarets à mesure que la mer Caspienne approche. Anatole Leroy-Beaulieu avait tort : la première chose qui frappe quand on parcourt la Russie, ce n'est pas l'étendue de son territoire mais l'unité dans sa diversité. De climat en climat, de faune en flore, de monotonie architecturale en pluralité des cultes, le plus grand pays du monde se distingue par le fait que l'incomprise « âme russe » est partout et nulle part à la fois. Plurielle, elle vient, avec son lot de contradictions, s'offrir à ceux et celles qui s'éloignent des ors de Moscou et Saint-Pétersbourg pour découvrir la Russie des régions.

Arriver dans la capitale tchétchène

Sept grandes lettres lumineuses composées de diodes blanches signalent l'entrée dans la capitale fédérale. Le drapeau tchétchène

« EN TCHÉTCHÉNIE, IL NE FAUT PARLER NI DE POLITIQUE NI DE RELIGION. »

flotte dans le ciel à la même hauteur que le drapeau russe. Deux panneaux de cinq mètres sur trois attirent le regard. L'un représente Vladimir Poutine, le regard fier et défiant. L'autre montre Ramzan Kadyrov, l'air affable et la barbe fournie. Les visages gigantesques des deux présidents en exercice toisent les visiteurs. Voilà Grozny. « *En Tchétchénie, il ne faut parler ni de politique ni de religion* », me met en garde l'homme qui m'a pris en stop depuis la frontière du Daghestan. « *Et de sport ? – Oui, ça pas de problème ! Tout le monde aime le sport ici !* »

Sans me consulter, il décide de me déposer chez mon hôtesse. En Tchétchénie, l'altruisme est une valeur à laquelle on ne déroge pas. Nous arrivons en banlieue de Grozny et Djamila[1] m'attend sur le perron. Trempée et enturbannée, elle me prend dans ses bras sans crier gare. « Moï doroguï, idi ko mnie *(Mon cher, viens à moi). Bienvenue !* » Je ne suis pas encore tout à fait arrivé mais je me sens déjà chez moi. La maison est grande et cosy. Il y a une odeur d'amandes grillées et le poulet dore dans le four. Djamila m'invite à table afin de partager le pain et le thé.

Le centre-ville de Grozny : la mosquée Akhmat Kadyrov et les immeubles de « Grozny City ».

« *Tu vois cette maison ? Elle a été totalement détruite pendant la guerre. Nous avons tout reconstruit avec mon mari. Quel travail ! Et toi, que viens-tu faire ici alors ? – Je suis chercheur, je m'intéresse au sport en Tchétchénie. – Chercheur ? Je crois que j'ai une idée. Je connais quelqu'un au ministère des Sports de Tchétchénie. Par contre, ton enquête, ça n'a rien de politique ? 'Veux pas avoir de problèmes avec* nach Kadyrov *(notre Kadyrov)…* » Je la rassure comme je peux. Inquiète, elle passe à autre chose et, en quelques heures, j'en sais plus sur la Tchétchénie qu'en plusieurs années de recherches.

Grozny, entre patrimonialisation et effacement du passé soviétique

« *La Tchétchénie est l'une des capitales du sport en Russie ! […] L'objectif a été atteint plus tôt que prévu. […] Je me souviens du temps où les athlètes tchétchènes s'entraînaient hors de la République. Ce temps est révolu !* », déclarait victorieusement Ramzan Kadyrov sur Instagram le 24 juillet 2016. C'est le point de départ de mon enquête : je vais tenter de confronter cette assertion à la réalité. Les premiers pas interloquent. Grozny est une ville nouvelle et, comme toutes les villes nouvelles, elle offre son lot de désagréments. L'un des premiers problèmes auxquels le voyageur fait face en arrivant, c'est celui de se repérer dans l'espace. Les applications de cartographie telles Google Maps ou Yandex Maps ne sont pas toujours au fait des mutations territoriales qu'a connues la ville en vingt ans. Rasée entièrement pendant la seconde guerre de Tchétchénie, elle est en constante reconstruction depuis le début des années 2000. Or, si le tracé originel des routes et des avenues est resté globalement le même, l'essence de la ville a été complètement transformée. Noms des rues, bâtiments, monuments, stades ou lampadaires… tout – ou presque – a changé.

RASÉE ENTIÈREMENT PENDANT LA SECONDE GUERRE DE TCHÉTCHÉNIE, GROZNY EST EN CONSTANTE RECONSTRUCTION DEPUIS LE DÉBUT DES ANNÉES 2000.

Difficile d'obtenir un chiffre précis mais, selon les estimations, plus de cent cinquante rues et quelques cinquante places et parcs aux noms « soviétiques » ont été renommés afin de faire disparaître un passé qui ne trouvait plus sa place au sein de l'idéologie officielle de Ramzan Kadyrov. C'est d'autant plus frappant qu'en Russie, les rues Sovietskaïa, Lenina ou encore Karla Marxa sont présentes aux quatre coins du pays-continent. À Irkoutsk comme à Sotchi ou à Samara, dans les grandes villes comme dans les villages les plus reculés, l'héritage soviétique est partout et rares sont les autorités qui osent s'en défaire. Cette « *monotonie dans la diversité* » était le résultat de la volonté politique des dirigeants de l'URSS qui souhaitaient diffuser l'idéal révolutionnaire sur l'ensemble du territoire. Aux yeux de Kadyrov, il s'agit de se réapproprier l'espace public à travers son odonymie entre amnésie et hypermnésie du passé tchétchène.

Dans les rues piétonnes du centre de Grozny,
les stigmates de la guerre subsistent par endroit.

La mairie de Grozny
avec Vladimir Poutine et Akhmat Kadyrov sur le fronton.

Vladimir Poutine et Akhmat Kadyrov se serrent la main sur une affiche gigantesque placardée sur un immeuble du centre-ville de Grozny.

Kadyrov père à cheval sur un immeuble du centre-ville de Grozny.

Dans ce contexte, Grozny offre une vision fascinante d'une Russie méconnue. Un creuset unique dont l'hypercentre est un vaste laboratoire où apparaissent au grand jour les objectifs politiques du pouvoir. À peine sorti du bus, j'aperçois la principale artère de la ville, la prospekt Putina – avenue Vladimir Poutine. Nommée en l'honneur du chef du Kremlin, elle est désormais un lieu de promenade incontournable dont l'architecture rappelle volontairement les Champs-Élysées parisiens. Elle a été reconstruite et baptisée le 5 octobre 2008 en lieu et place de la prospekt Pobeda qui célébrait la victoire soviétique contre le nazisme. Kadyrov avait alors expliqué vouloir rendre « *hommage à l'homme qui a tant fait pour le pays et pour nous tous* ». Oublier le passé soviétique pour mieux se souvenir du présent poutinien. Le message est limpide.

J'aperçois Aslan, mon fixeur, au fond du Black Star Burger, un fast-food à l'américaine où les serveuses voilées vendent des menus hallal. « *Les fast-food occidentaux sont interdits ici*, m'explique mon jeune guide. *Pas de McDo ni de Burger King, nous avons principalement des franchises tchétchènes ou russes.* » Athlétique et avenant, il m'entraîne à la découverte de la ville. Si Vladimir Poutine est à l'honneur dans

l'espace public, Akhmat Kadyrov, le défunt père du *leader* tchétchène, n'est pas en reste. Mufti devenu président de la Tchétchénie en 2003 avant de mourir dans un attentat terroriste l'année suivante, sa figure est centrale dans la reconstruction du pays. Il suffit de longer la prospekt Putina pour le découvrir. À l'ancienne place Lénine se substitue l'immense place Akhmat Kadyrov et, par-delà la rivière Sounja, la prospket Akhmat Kadyrova subroge l'ancienne prospekt Lenina. Enfin, l'incontournable mosquée Akhmat Kadyrov, construite en 2008, trône au centre de la ville. Autrement appelée le « *cœur de la Tchétchénie* », elle remplace matériellement et symboliquement la statue de Lénine, détruite pendant la guerre. Le révolutionnaire soviétique doit se retourner dans son mausolée : il a été supplanté par un religieux.

Le système Kadyrov : palais, sport et autoritarisme

Pour sa part, Ramzan Kadyrov est partout. Sur les panneaux publicitaires, les bas-reliefs ou les icônes, le visage gigantesque de l'actuel dirigeant tchétchène surplombe les habitant·e·s. On ne compte plus les bâtiments portant son nom, les statues à son effigie ou encore les affiches à sa gloire. Souvent, ces représentations s'accompagnent de phrases qu'il aurait prononcées ou de symboles forts. Ici, un bas-relief de son buste avec la sentence suivante : « *La seule preuve du patriotisme est un acte.* » Là-bas, un poster le met en valeur serrant la main à Vladimir Poutine. Au-dessus d'une pharmacie, il sourit toutes dents dehors aux passant·e·s. J'ai le tournis. Le visage d'Aslan s'éclaircit devant ma stupéfaction. « *Il vaut mieux en rire tu sais, c'est tout ce*

Bas-relief avec Ramzan Kadyrov : « *La seule preuve du patriotisme est un acte.* »

qui nous reste, s'esclaffe-t-il. *Nous les renommons la "Sainte Trinité" parce qu'ils sont partout. Le père, c'est Akhmat Kadyrov. Le fils, c'est Ramzan Kadyrov. Et le Saint-Esprit c'est… Vladimir Poutine, bien sûr !* » Comme pour corroborer ses dires, la façade d'un immeuble du boulevard nous impose un Kadyrov père de dix mètres sur sept en tenue traditionnelle, juché sur un étalon. À Grozny, l'espace public sert de chevalets aux portraits des trois hommes forts de la région.

Partout, les membres lourdement armés de la milice personnelle du leader tchétchène, les *Kadyrovtsy*, déambulent dans les rues de la capitale. Gilets pare-balles et fusils d'assaut en bandoulière, ils confèrent à la République une ambiance militaire où chacun·e semble être sur le qui-vive. Une tension palpable règne dans les rues de la ville. La présence d'un appareil photo inquiète les passant·e·s et les forces de sécurité scrutent l'objet du délit potentiel. Cause ou conséquence, aux antipodes des clichés habituels, la Tchétchénie est aujourd'hui la région la plus sûre du pays avec 0,7 délit grave pour 1 000 habitant·e·s, soit le taux le plus bas de toute la fédération de Russie. Pourtant, cette sécurité de façade cache en réalité un régime autoritaire contrôlé par Kadyrov aussi longtemps que Vladimir Poutine l'autorisera. Au cœur de la ville, l'immense palais présidentiel ne cesse de le rappeler.

LA TCHÉTCHÉNIE EST LA RÉGION LA PLUS SÛRE DE RUSSIE. MAIS CETTE SÉCURITÉ DE FAÇADE CACHE EN RÉALITÉ UN RÉGIME AUTORITAIRE.

Projet approuvé dès le lendemain de son entrée en fonction de Premier ministre en mars 2006, la résidence de Kadyrov fut

« FAITES COMME MOI, FAITES DU SPORT ! », ASSÈNE KADYROV DANS DIVERSES VIDÉOS DE PROPAGANDE.

érigée en quelques années au prix de cent cinquante-neuf millions de dollars. Inaugurée en 2012, elle est désormais entourée d'un mur haut de trois mètres, protégée par des centaines de miliciens, des barrages anti-voitures béliers et des caméras ultramodernes. Le lieu de vie du chef tchétchène est une ville dans la ville, un complexe de plus de deux cent soixante mille mètres carrés – plus grand que le Palais d'Hiver à Saint-Pétersbourg – au bord de la rivière Sounja, composé d'un parc, d'une mosquée privée, de tours en pierre traditionnelles tchétchènes, d'un zoo, d'une piscine, de salles d'entraînements, de plusieurs maisons occupées – gracieusement – par ses proches et de son propre manoir, dans lequel il gouverne, dort, mange et vit. Se promener dans les rues de Grozny aujourd'hui, c'est donc tourner autour de lui. C'est sentir sa présence. Impossible de ne pas l'imaginer déambuler dans ses multiples demeures tant son activité sur les réseaux sociaux permet de le suivre presque heure par heure.

Loin des ors du patenté tyran tchétchène, la réalité des habitant·e·s est bien différente. « *Ici, le principal problème c'est l'argent*, déclare Aslan. » Pour s'en convaincre, il suffit de sortir de l'hypercentre. À deux kilomètres de la grande mosquée, le marché Berkat – « richesse », « abondance », « grâce », en tchétchène – fait office de mètre étalon. Les prix chutent et le café coûte ici quarante roubles (cinquante centimes d'euro) contre cent cinquante (un euro quatre-vingt-cinq) dans le centre-ville. La population critique à demi-mot le régime. Entre deux étals, les marchand·e·s hésitent. Quelques grommellements à l'encontre des taxes imposées par le président, sa mégalomanie et sa façon d'exercer le pouvoir sont souvent ponctués de « *notre Kadyrov* » pour signifier, malgré tout, leur allégeance au chef de l'État – et certainement afin d'assurer leur protection.

Un passant murmure : « *Peu de personnes considèrent Kadyrov comme légitime. Mais il faut discuter avec les gens dans leur intimité pour s'en rendre compte. Impossible d'en parler dans la rue ou même sur les réseaux sociaux, également contrôlés…* » D'autres n'hésitent pas à vanter les mérites de Kadyrov, à haute voix cette fois : « *Kadyrov a redonné de la fierté aux Tchétchènes*, explique une vieille dame qui vend des foulards colorés. *Avant, nous étions perçus dans le monde entier comme des moins que rien, aujourd'hui c'est différent. Notre Grozny est belle et moderne !* »

Un attroupement commence à se former autour de nous. La présence d'un Français intrigue et les regards se font plus insistants. Aslan me tire par le bras : « *Viens, allons manger, je connais une excellente* stolovaya *(cantine) dans le coin.* » Il m'entraîne dans les méandres couverts du marché. Peu à peu, les mets laissent place

Brad Pitt et Angelina Jolie dans le marché central de Grozny.

aux vêtements. Chaussures, chapkas, papakhas sont offerts au regard des visiteurs et visiteuses. Exhibant fièrement ses hijabs, jilbab et autres djellabas, une échoppe attire le regard par son enseigne représentant Brad Pitt et Angelina Jolie photoshopés en tenues traditionnelles tchétchènes. Pas le temps de contempler, nous sommes déjà arrivés. La patronne nous accueille avec bonhomie dans son café blafard. Les plats s'accumulent sur la petite table en plastique. Notre *jijig-galnash* au poulet embaume la pièce et les quelques client·e·s discutent doucement. Le son de la vieille télévision masque les conversations voisines.

« *Tu veux parler sport, c'est ça ?* me demande Aslan en sortant son téléphone. *Alors regarde.* » Il lance une vidéo YouTube et me tend des écouteurs pour plus de discrétion. « *Beaucoup de gens m'écrivent pour me demander : comment faire de la musculation si on n'a pas de salle de sport ?* », interroge Ramzan Kadyrov en treillis militaire face caméra. À la question, la séquence suivante répond en zoomant sur le leader tchétchène en train d'effectuer une traction. Les tambours d'une musique guerrière résonnent en fond. Puis le voilà au pied d'une tour historique de défense tchétchène ; il déplace et jette une lourde pierre avec une énergie bestiale Il reprend, souffle court et sueur apparente : « *Moi, j'ai grandi dans un petit village où il n'y avait pas d'infrastructures sportives. On prenait des vieux pneus et des masses et je peux vous dire qu'on transpirait.* » Sans s'interrompre, il attrape une autre pierre et l'utilise pour faire des haltères et des exercices abdominaux. Une mosquée se

« NOUS SOMMES UN PEUPLE FORT, C'EST DANS NOTRE SANG, C'EST DANS NOS GÈNES ! KADYROV SURFE LÀ-DESSUS... »

dresse derrière lui tandis qu'au dernier plan, les montagnes vertes de la Tchétchénie découpent le bleu du ciel. « *Faites comme moi, faites du sport !* », rugit-il. Les plans s'enchaînent : Kadyrov tour à tour soulève un pneu de tracteur, fait des haltères avec un rocher, court dans une vallée, s'abreuve dans une rivière poissonneuse, puis déclare, sentencieux : « *Le sport, c'est la santé !* Allahu akbar ! *Prenez ça comme un conseil, ce n'est pas un reproche !* » La musique guerrière s'intensifie alors qu'il prône la paix et donne un dernier coup de masse sur un énorme pneu. Ralenti. Gros plan sur son visage. Et retour sur le plateau télévisé où la journaliste en hijab reprend la main, sourit et enchaîne avec un sujet sur le développement du sport en Tchétchénie : « *Aujourd'hui encore, notre chef Ramzan Kadyrov...* »

Je relève la tête. Manifestement, quand Ramzan Kadyrov se met en scène en train de pratiquer un sport sur Grozny TV, rien n'est laissé au hasard. Des tours de défense caractéristiques du Caucase au lancer de pierres en passant par l'habillement guerrier ou encore la musique, chaque élément de la vidéo est pensé en vue de renvoyer les téléspectateurs·trices à un passé tchétchène mythifié remis au goût du jour dans les années 2000. « *Pourquoi le sport est-il si important pour lui ? – Tu connais l'adage* « être fort comme un Tchétchène » *?* me demande Aslan. *Ce n'est pas un mythe, c'est dans nos traditions depuis la nuit des temps. Nous sommes un peuple fort, c'est dans notre sang, c'est dans nos gènes ! Lui, il surfe là-dessus...* »

Historiquement, il est vrai que le sport et la culture physique occupent une place prépondérante dans le système éducatif tchétchène, au point de faire partie intégrante de l'*ethos* du Nord-Caucase. Dès le Moyen Âge, la santé et la force physique y sont considérées comme une richesse. Elles doivent s'accompagner d'une spiritualité et d'une force morale importantes. Aux yeux des Tchétchènes, l'essence même de l'être humain se compose de trois grands principes : physique, moral et spirituel. L'objectif est de développer ces vertus avec agilité, force, endurance et rapidité. Cavaliers et cavalières hors pair, ils et elles associent l'équitation avec l'apprentissage du maniement des armes militaires afin de repousser les envahisseurs. Depuis des siècles, des compétitions de courses de chevaux, d'escalade, de tir à l'arc, de lancer de pierres, de lutte et d'arts martiaux sont organisées régulièrement. Elles prennent place lors d'événements traditionnels tels les mariages ou les jours de fête. « *Pour Ramzan Kadyrov, le sport est un pouvoir*, m'explique Aslan. *Comment pourrait-il en être autrement ? Tout le monde rêve de devenir un grand combattant de nos jours en Tchétchénie...* »

La « sportivisation » de l'espace public au service du pouvoir

Je découvre que le sport est partout dans les rues de Grozny. Gymnases, stades et autres arènes aux architectures extravagantes parsèment l'espace public. Au détour d'un building, il n'est pas rare de trouver une référence au sport comme cette rue Mohammed Ali, ce magasin d'État dédié aux sports de combat ou ce complexe de judo en construction au nom de Vladimir Poutine. Omniprésent, le sport offre de nombreux avantages à Kadyrov. Il lui permet de flatter le Kremlin dont le résident est un athlète aguerri. Il est également un puissant instrument de *soft power* qui fait rayonner la Tchétchénie en Russie et à l'étranger. À l'échelle locale, il permet à la population d'observer un mode de vie sain tout en offrant à Kadyrov la possibilité de canaliser l'énergie de la jeunesse en l'éloignant du tabac, de l'alcool, des drogues et de la délinquance. Enfin, c'est un vecteur de fierté et de patriotisme qui cristallise l'identité tchétchène autour de la figure de son chef.

Dans l'hypercentre, le complexe sportif Colosseum est probablement le plus impressionnant. Il a ouvert ses portes le 5 octobre 2014 afin de célébrer en grande pompe le trente-huitième anniversaire de Ramzan Kadyrov. Ersatz de l'amphithéâtre romain éponyme, il a été conçu en vue d'accueillir des combats de boxe, de MMA ou de kick-boxing spectaculaires. Autour du bâtiment en forme de couronne, des portraits de Kadyrov père et fils se succèdent. À droite de la porte principale se trouve un énième portrait de Vladimir Poutine. « *Le sport l'emportera, sans aucun doute !* » déclare le président russe aux passant·e·s. Signe de l'importance du lieu, une dizaine de *Kadyrovsky* surarmés le gardent jour et nuit et empêchent le visiteur ou la visiteuse d'y pénétrer sans autorisation spéciale. Mais la politisation du sport ne se limite pas à l'espace public. Le cyberespace est également une cible privilégiée des autorités. Le compte Instagram du Colosseum en est le reflet : la plupart des publications montrent Ramzan Kadyrov en train de pratiquer un sport, de prier ou de faire une déclaration politique. Les autres posts concernent… ses enfants, en train de combattre, et le plus souvent en direct à la télévision.

Mais le plus impressionnant reste à venir. Légèrement excentrée, au détour de l'avenue Lev Yachine, du nom du légendaire gardien de but soviétique, apparaît la Akhmat Arena. Ouverte en 2011 à la mémoire du père de Kadyrov, elle est le plus grand stade de football de Tchétchénie. « *Le stade est la propriété et le visage de la République* », déclare le site internet officiel. Pourtant, les portraits de la « Sainte Trinité » installés sur le stade indiquent l'inverse. Sur l'infrastructure ultramoderne, trois immenses photos représentent Akhmat Kadyrov, Ramzan Kadyrov et Vladimir Poutine. Le premier est en costume avec un chapeau tchétchène ; l'une de ses citations est inscrite sous son portrait : « *La principale victoire est la victoire sportive.* » À gauche, Poutine se révèle plus politique : « *Le développement du sport aidera à éduquer les jeunes à devenir forts dans un esprit de patriotisme.* » Enfin, clou du

Ramzan Kadyrov grimé en gladiateur sur la Akhmat Arena, le principal stade de football de la ville de Grozny reconstruit à son initiative en 2011.

spectacle, quelques mètres plus à gauche, Kadyrov fils apparaît grimé en gladiateur sur un fond aux couleurs de la Tchétchénie. La barbe fournie et l'œil vif, il tient un bouclier siglé du blason du FK Akhmat, le principal club de football de la ville.

Inauguré le 11 mai 2011, le stade avait alors été le théâtre d'un match de gala hautement politique. Kadyrov avait lui-même participé à la confrontation entre son Équipe du Caucase et celle des Légendes du football mondial. Moyennant des montres ornées de diamants hors de prix et des cachets plus ou moins

АХМАТ
ВОСПИТАТЬ
AKHMAT

АРЕНА
СПОРТЕ»
AKHMAT

Pages précédentes : sur le fronton de l'entrée principale de la Akhmat Arena deux affiches représentent Vladimir Poutine et Akhmat Kadyrov.

élevés, il avait réussi à faire venir des stars du football comme Diego Maradona, Fabien Barthez, Luís Figo ou encore Franco Baresi. Au cours d'une cérémonie de plus de cinq heures, Kadyrov avait marqué un triplé et fait gagner son équipe cinq à trois. Il avait alors remercié au micro son « *leader national Vladimir Poutine* » quand bien même celui-ci était alors… Premier ministre. Poutine reconnaîtra les siens.

Le fonds Akhmat Kadyrov : le plus grand secret de polichinelle de Tchétchénie

Je regagne la demeure de Djamila, taraudé par de nombreuses questions : d'où vient l'argent ? Comment Kadyrov réussit-il à faire venir des stars du football mondial ? Comment sont financés ces stades ultramodernes ? Adam, un guide touristique local, accepte de me rencontrer le lendemain afin de m'aider à répondre à ces interrogations. « *Le clan Kadyrov dispose de deux leviers financiers principaux pour développer le sport*, m'expose-t-il. *Le premier est composé des aides fédérales transmises par le Kremlin. Aujourd'hui, la Tchétchénie est la région la plus subventionnée de Russie avec environ vingt milliards de roubles par an… – Et la seconde ? – C'est le plus grand secret de Polichinelle de la Tchétchénie… le fonds Akhmat Kadyrov.* »

Créé en 2004 par le pouvoir local à la mort d'Akhmat Kadyrov, ce fonds est officiellement géré par Aimani Nesievna, la mère de Ramzan Kadyrov. En Tchétchénie, l'argent et le pouvoir sont affaires de famille. Désormais, il est sous perfusion financière des citoyen·ne·s tchétchènes, qui doivent y verser mensuellement une importante part de leur salaire : entre 10 et 30 % selon le type d'emploi occupé et jusqu'à 50 % des bénéfices des entreprises locales. D'après plusieurs estimations, le fonds encaisserait entre quarante-cinq et soixante millions de dollars par mois. Officiellement, chacun est libre d'y contribuer afin d'aider au développement de la région. En réalité le pouvoir ponctionne de force les habitant·e·s de la République dans le but de concrétiser ses projets pharaoniques. « *Par exemple, si un fonctionnaire de l'État signe un contrat sur lequel il est écrit qu'il gagne vingt mille roubles par mois, il va en gagner quinze mille*, explique Adam. *Les cinq mille restants iront directement dans la poche des autorités.* »

De facto, la valeur exacte du fonds est parfaitement inconnue et les dirigeants tchétchènes restent évasifs à son sujet. Selon Kadyrov, « *c'est Allah qui donne de l'argent à la Tchétchénie* ». Grâce à cette manne financière, le pouvoir dispose d'une puissance économique tentaculaire qui irrigue tous les domaines du sport : les infrastructures, les compétitions ou les clubs. Le site internet officiel du fonds liste nombre de ses financements tels des « *tournois de billard russe à la mémoire d'Akhmat Kadyrov* », le « *parrainage du club de football Akhmat Grozny* » ou encore de nombreux « *combats de boxe dans la région* ». Mais comme le mentionne le site lui-même : « *Tout ceci ne représente qu'un pour cent de l'activité de bienfaisance du "Fonds public régional nommé d'après le héros de la Russie A. Kadyrov".* »

« LES BÂTIMENTS SPORTIFS SONT CONSTRUITS PAR DES ENTREPRISES ÉCRANS PROCHES DU GOUVERNEMENT ET CRÉÉES EX NIHILO. »

« *Les bâtiments sportifs sont construits par des entreprises écrans proches du gouvernement et créées* ex nihilo, raconte Adam. *Une fois l'ouvrage terminé, elles disparaissent. Cela permet d'éviter que des enquêtes soient menées afin de vérifier d'où provient l'argent. De cette façon, les constructeurs des bâtiments annoncent une somme payée par le fonds Kadyrov qui est en réalité beaucoup plus importante que nécessaire. Et ensuite, Allah seul sait où va l'argent…* » Cette mécanique n'est qu'une infime partie d'une machinerie encore plus vaste. Adam renchérit : « *Les grands clubs de sport en Tchétchénie sont également financés par le fonds Kadyrov afin de servir les intérêts économiques personnels des membres du gouvernement ou des proches du président.* » Le système politique et économique au service du sport en Tchétchénie est donc total. En cas d'urgence économique, le gouvernement tchétchène n'hésite d'ailleurs pas à faire directement appel à la population. En 2014, tout le personnel enseignant du pays a ainsi dû contribuer à l'achat d'un nouveau joueur pour l'équipe de football du Terek Grozny (actuel Akhmat Grozny).

Les autorités emploient également la manière forte afin de remplir les stades et les gymnases : « *Kadyrov demande régulièrement aux membres de l'administration publique d'assister aux matchs*, explique Adam. *Il nous dit : vous devez acheter des billets et faire venir environ deux cents personnes par match. C'est notre marketing local. Du marketing forcé. Ça m'est arrivé, on m'a dit de faire venir mes touristes à un match du Akhmat Grozny. Je n'ai pas eu le choix.* » Aussi insolite soit-elle, cette stratégie du « supporter Potemkine » n'est pas l'apanage de Grozny. En Russie, les cas de ce type se sont multipliés ces dernières années afin de plaire à Poutine et gonfler les statistiques des régions. « *Mais chez nous, le niveau est désolant ! Je m'endors toujours au stade. On dirait des amateurs. Dire que je dois payer deux cent cinquante roubles pour voir ça, ça devrait être l'inverse* », soupire Adam.

Un système sportif totalitaire et endogame

Peu à peu, j'acquiers l'intime conviction que le sport est une clé si l'on veut comprendre le système tchétchène. Endogame, celui-ci est composé à tous les échelons et dans tous les secteurs de proches et membres de la famille de Kadyrov. Comme le notait la BBC russe en juin 2018 à l'occasion d'une longue enquête sur la machinerie politique de la Tchétchénie, la quasi-totalité du système de gestion y est personnellement liée à son jeune leader. « *30 % des cent cinquante-huit grands responsables de la Tchétchénie sont de la famille de Kadyrov, 23 % sont des "co-villageois"* (tsenteroï*), et 12 % sont des amis.* » Parmi les six ministres des Sports qu'a connus la République depuis 2007, aucun n'est définitivement sorti du jeu politique et tous ont obtenu un poste par la suite. Caractéristique du système politique mis en place par Kadyrov : on ne sort pas, ou très rarement, de son cercle de confiance.

Une affiche représente Ramzan Kadyrov avec une coupe. La mention « *Akhmat Sila* » (« Force à Akhmat », le slogan construit par Kadyrov) est destinée à promouvoir les compétitions sportives en Tchétchénie.

Les postes clés du sport tchétchène comme les présidences de fédérations, de clubs et/ou de stades sont tenus par des membres du premier cercle de Kadyrov. Ses « *chers frères* » cumulent généralement les casquettes. Par exemple, Amruddi Edilgiriev, cousin du président, est à la tête de la fédération de judo du district fédéral du Caucase du Nord, du club républicain de judo Edelweiss du nom de Turpal-Ali Kadyrov et il a dirigé pendant cinq ans le comité gouvernemental du tourisme de Tchétchénie. Régulièrement récompensé par Kadyrov lui-même pour la construction de « *dizaines de grandes et belles mosquées en Tchétchénie et bien au-delà de ses frontières* », il est l'arbre qui cache la forêt.

L'équation est simple : plus l'entité sportive est importante, plus l'homme qui la contrôle est proche de Kadyrov. Ça n'est pas un hasard si Magomed Daudov et Abuzayd Vismuradov sont respectivement à la tête du club de football Akhmat Grozny et du Akhmat Fight Club, les entités sportives les plus connues de la région. Surnommé « *Lord* » par son entourage, Daudov est considéré comme l'homme des basses besognes de Kadyrov. Le « *Patriote* » Vismuradov est quant à lui un ami d'enfance du président tchétchène et son vice-président depuis février 2020. Les trois hommes forment le trépied sur lequel repose actuellement le pouvoir.

À bien y regarder, le sport permet à Kadyrov de jouer alternativement de la carotte et du bâton, tout en incarnant physiquement le pouvoir. Comme ce 23 avril 2013, lorsque la Russie découvrit la colère du chef tchétchène. Ce jour-là, Kadyrov est furieux. L'état du sport au sein de sa République ne lui convient pas. Il décide de monter sur un ring de boxe devant les caméras de télévision afin d'affronter son propre ministre des Sports, Salambek Ismaïlov. Ce dernier aurait mal entretenu son ministère. «*Je vous avais demandé de faire réparer ce bâtiment*», déclare Kadyrov devant les caméras. Mécontent, il décide de lui faire comprendre son erreur au prix d'un «*cours de boxe*» un peu particulier retransmis en différé sur son compte Instagram et par la chaîne de télévision russe NTV. Dans la salle de sport, un arbitre, un cameraman, plusieurs photographes, et les ministres du Travail russe et tchétchène – Maxime Topiline et Magomed Akhmatov. Quelques crochets et une victoire du président plus tard, le voilà en train d'expliquer sa stratégie politico-sportive. Selon lui, la boxe permet de «*punir efficacement les manquements des responsables officiels en leur faisant une faveur*». Il est on ne peut plus clair: «*Il est mieux pour M. Ismaïlov de se débarrasser de son énergie négative face à moi sur le ring, plutôt que de reporter sa mauvaise humeur sur les membres de sa famille chez lui.*» Sur son compte Instagram, Kadyrov plaide l'humour. Pourtant, l'avertissement est bien réel. Quelques mois plus tard, en septembre 2013, le ministre est démis de ses fonctions.

L'islam et le sport selon Kadyrov

Nous arrivons dans un dojo où s'entraînent des adolescents. Adam est accueilli chaleureusement tandis que les *hajime* résonnent au rythme des combats. Les murs du gymnase sont tapissés de drapeaux tchétchènes, de sourates du Coran et de visages de personnalités politiques et sportives de Russie. Un Vladimir Poutine en kimono côtoie un Akhmat Kadyrov en tenue traditionnelle accompagné de sa célèbre citation: «*Nous devons montrer nos capacités non pas sur les champs de bataille, mais dans les arènes sportives.*» Il est de notoriété publique que la Tchétchénie se rêve en fer de lance des sports de combat dans le monde. Mais cela ne rentre-t-il pas en contradiction avec l'islam qui considère certains sports de combat «*haram*» (interdit, en arabe)?

Dès 2005 et son arrivée au poste de Premier ministre, Ramzan Kadyrov affirmait vouloir lier pratique sportive et religion. Une lutte s'engageait alors entre responsables religieux et politiques afin de définir dans quelle mesure le sport est compatible avec le soufisme. En 2003, l'imam de Grozny Alim Nuraddin Ingalls s'était déjà engagé en faveur d'une pratique régulière du sport: «*Allah veut que les musulmans prennent soin de leur corps et utilisent leurs opportunités de la meilleure façon. L'obésité, la faiblesse et la paresse physique sont censurées.*» Pour autant, il ajoutait que «*la boxe est un sport illégal, car un musulman ne devrait frapper personne au visage pour le plaisir*». Dès lors, les mises en scène de Kadyrov en train de boxer ses ministres apparaissent pour le moins contradictoires.

La mosquée Akhmat Kadyrov et son reflet dans la nuit.

« *En réalité, les vrais religieux de Tchétchénie se sont éloignés autant qu'ils l'ont pu de Kadyrov,* m'explique Adam, musulman pratiquant. *L'islam favorise la pratique sportive mais pas tous les sports. La natation, la lutte, oui. Mais la boxe, le MMA, le kickboxing ? Non, c'est interdit par le Coran car pour gagner il faut blesser quelqu'un au visage.* » Techniquement, plusieurs hadiths relatent en effet que le prophète Mahomet aurait déclaré le « *visage inviolable* » et autorisé la lutte à la seule condition que l'on évite de frapper cette partie du corps. De plus, pour être en phase avec le Coran, les combattants musulmans se doivent de porter des shorts qui couvrent depuis le nombril jusqu'aux genoux (*Awra*) et les compétitions ne sont pas censées engendrer de paris sportifs : deux conditions rarement respectées. Ces contradictions avaient conduit la star daghestanaise du MMA Khabib Nurmagomedov à déclarer en 2019 que « *le Tout-Puissant n'approuverait pas [sa] violence* ». Et à mettre un terme à sa carrière quelques mois plus tard. Dans la pratique, le rapport de l'islam aux sports de combat reste flou tant le nombre de combattants musulmans dans le monde va grandissant. Songeur, j'observe les petits tchétchènes en train de s'entraîner. Parmi eux, Magomed, qui se rêve en grand champion, est catégorique : « *Je sais que les sports de combat ne sont pas en phase avec l'islam. Mais ils nous permettent de gagner beaucoup d'argent en peu de temps. La Tchétchénie est une région pauvre et le sport est pour nous un moyen de nourrir nos familles. Allah nous dirige tous sur le vrai chemin.* »

Bien réelle, cette nécessité financière est caractéristique d'une population en grande difficulté économique depuis la fin de la guerre. En 2020, la Tchétchénie était classée soixante-quatorzième région la plus prospère de Russie sur quatre-vingt-cinq. Si la Russie est toujours une « puissance pauvre », la mauvaise qualité de vie des habitants du Caucase du Nord en est l'expression concrète la plus douloureuse.

« JE SAIS QUE LES SPORTS DE COMBAT NE SONT PAS EN PHASE AVEC L'ISLAM. MAIS LA TCHÉTCHÉNIE EST UNE RÉGION PAUVRE ET LE SPORT EST POUR NOUS UN MOYEN DE NOURRIR NOS FAMILLES. »

Pages précédentes : la mosquée Akhmat Kadyrov et les tours de Grozny City.

Aux yeux d'Adam, ce discours de la part des jeunes combattants tchétchènes est la conséquence de la duplicité de Kadyrov : « *Le président se présente comme un défenseur de la religion et des valeurs de l'islam mais en réalité, il fait l'inverse. Il éteint et allume notre islam en fonction des circonstances. C'est un islam bipolaire et, ici, il y a beaucoup de gens bipolaires. La plupart s'habillent comme des musulmans et pratiquent des rites religieux, mais quand il s'agit de sport et d'argent, ils ne sont plus musulmans. Les vrais musulmans ne veulent pas travailler pour le gouvernement et ceux qui le font doivent toujours réfléchir pour éviter les contradictions. La réalité, c'est que Kadyrov n'est pas un bon musulman.* »

Ce constat est partagé par de nombreux officiels religieux de Tchétchénie. À la fin des années 2000 et au début des années 2010, des voix d'imams se sont élevées par dizaines contre la pratique de la boxe et du MMA. Pourtant, elles se sont tues à mesure que le régime autoritaire de Kadyrov s'est intensifié et que la popularité du MMA a grandi. Les combattants tchétchènes ont acquis une solide réputation dans le monde et, ivre de ce succès, Kadyrov fait désormais sans cesse leur promotion : « *Kadyrov fait beaucoup de choses contre le Coran*, raconte Adam. *En réalité, son pouvoir tient grâce à deux choses : la force et l'argent. Mais il en oublie une troisième : la justice. Et cet oubli, les mollahs ne le tolèrent pas.* »

Paradoxalement, les imams, mollahs et autres qadis indépendants[2] sont de plus en plus rares en Tchétchénie. Officiellement, le personnel religieux est divisé en deux catégories. D'une part, les imams et le mufti sont contrôlés par la Direction spirituelle des musulmans de Tchétchénie et nommés par Ramzan Kadyrov en personne. D'autre part, les qadis passent devant une commission d'État afin de pouvoir exercer. Ces deux organes sont fortement influencés par les autorités tchétchènes qui y voient une possibilité de contrôler la sphère religieuse dans la région. Fils d'un ancien mufti et influent émissaire de l'islam russe à l'étranger, Kadyrov fait donc autorité sur le personnel religieux. En 2014, il nomma lui-même Salah-Haji Mezhiev mufti suprême de la région, lequel conseilla à la jeunesse tchétchène de pratiquer un sport de combat. Tout sauf un hasard : l'homme est avant tout un grand passionné… de boxe ! Pour s'assurer sa fidélité, Kadyrov consacre depuis d'importants moyens financiers afin d'édifier des dizaines de mosquées dans toute la région. D'après Adam, il n'y a pas de doute : « *Ramzan Kadyrov contrôle 100 % des autorités religieuses en Tchétchénie grâce à des commissions de financement ou par l'intermédiaire de membres de sa famille.* »

« RAMZAN KADYROV CONTRÔLE 100 % DES AUTORITÉS RELIGIEUSES EN TCHÉTCHÉNIE GRÂCE À DES COMMISSIONS DE FINANCEMENT OU PAR L'INTERMÉDIAIRE DE MEMBRES DE SA FAMILLE. »

La visite au ministère des Sports

Mon téléphone vibre dans ma poche. C'est Djamila qui m'écrit sur WhatsApp. J'ai rendez-vous au ministère des Sports de Tchétchénie dans une heure : un « *officiel* » m'y attendra. L'opportunité est énorme mais la tâche s'annonce délicate. Le bâtiment du ministère des Sports est moderne mais austère. À l'intérieur, tout est calme. Un homme pressé et visiblement un peu inquiet m'accueille. Je comprends qu'il a accepté de me recevoir uniquement par amitié envers Djamila. Nous montons au deuxième étage du bâtiment et traversons un long couloir exigu où se succèdent des portes fermées. L'endroit semble vide. Il me fait patienter quelques temps dans son bureau, sur une chaise en bois verni. Autour de moi, des cartons remplis de documents sont empilés les uns sur les autres. Aux murs, quelques photos de mon interlocuteur avec Ramzan Kadyrov et Vladimir Poutine. Le drapeau russe côtoie le drapeau tchétchène.

Il revient, il est au téléphone. L'air contrit. « *Oui… Oui… Ce sera fait… Oui… Bien entendu… Oui… Merci monsieur le ministre. Au revoir monsieur le ministre.* » Il raccroche. Pendant quelques secondes, il semble perdu dans ses pensées. « *C'était notre nouveau ministre des Sports de la Fédération de Russie, monsieur Oleg Matytsine. Ça bouge beaucoup là-haut…* » Il fait un signe de tête en direction d'un portrait du président russe. Quelques jours plus tôt, le 16 janvier 2020, Vladimir Poutine avait fait un grand ménage au sommet de l'État. Le Premier ministre Dmitri Medvedev avait dû démissionner et son remplaçant, Mikhaïl Michoustine, avait constitué un nouveau gouvernement dans la foulée. « *Bref, nous allons pouvoir commencer.* »

Discrètement, une troisième personne entre dans la pièce et prend place dans mon dos. J'entends le clic caractéristique d'un enregistreur vocal. Mon interlocuteur commence : « *Nous sommes une des Républiques les plus sportives de Russie. Les Tchétchènes sont des gens grands et fiers pour qui le sport est un élément fondamental de la vie de tous les jours. Nous respectons un mode de vie sain car nous sommes musulmans et nous ne buvons pas d'alcool…* » La litanie continue de longues minutes. Puis il sort des documents remplis de statistiques censées objectiver les succès du pouvoir tchétchène en matière de sport. Fier, il m'annonce qu'entre 2012 et 2020, la pratique régulière d'une activité sportive est passée de 30 à 40 % de la population totale. Le gouvernement a fait construire plus de six cents infrastructures sportives durant cette période sur les deux mille que compte la région. Forte de cette dynamique, la République compte désormais 93 077 athlètes professionnels sur un million et demi d'habitants. Le discours est rodé, la rhétorique efficace.

J'ose une première question : « *Et qu'en est-il des sportives de haut niveau en Tchétchénie ?*
– Les femmes tchétchènes ne font pas beaucoup de sport vous savez. C'est souvent contraire aux valeurs de l'islam. Nous avons bien Zinnura Saidulaeva, la "Maître de sport" de karaté, mais c'est une exception. » Et pour cause : depuis l'arrivée

au pouvoir de Kadyrov, il est très difficile pour les femmes de pratiquer un sport de haut niveau. La plupart du temps, elles doivent s'exiler, ailleurs en Russie ou à l'étranger, afin d'éviter de subir les pressions de leurs homologues masculins qui considèrent le sport comme une affaire d'hommes. Je reprends : « *De manière générale, la promotion des sports de combat n'entre-t-elle pas en contradiction avec l'islam prôné par votre président ?* » La question met visiblement mon interlocuteur mal à l'aise. « *Si, probablement, je ne sais pas* », bafouille-t-il.

Derrière moi, l'observateur se lève à la manière d'un automate. Il fait un signe de la main. Je comprends que je suis allé trop loin et décide de repartir sur des sentiers moins politiques. Trop tard, la discussion est écourtée. Alors que je me dirige vers la sortie, je me retrouve seul avec mon interlocuteur, qui en profite pour me glisser quelques mots : « *Nous ne nous sommes jamais rencontrés, c'est bien clair ?* » Je hoche la tête et m'en vais aussi vite que je suis arrivé.

« *En Tchétchénie, il ne faut parler ni de politique ni de religion.* » En menant mon enquête sur le sport, j'ai transgressé les deux règles édictées par ma première rencontre. J'apprends dans les jours qui suivent que mon interlocuteur a été congédié par le président tchétchène. Le 12 février 2020, la totalité du personnel du ministère des Sports de Tchétchénie a été renouvelée pour accueillir à sa tête… Khamzat Kadyrov. À seulement vingt-trois ans, il est le « *neveu préféré* » du président.

Au-dehors, la nuit est tombée. Sur la place centrale, l'imposante mosquée Akhmat Kadyrov, légèrement éclairée, contraste avec les tours multicolores de Grozny City sur lesquelles défilent verticalement ces lettres digitales : « *Merci Ramzan pour Grozny.* » Merci qui ?

1. Par mesure de sécurité et à la demande des personnes interrogées, les noms ont été changés.
2. Les qadis sont les magistrats officiels musulmans, nommés par la direction spirituelle des musulmans du Nord-Caucase, et qui administrent entre autres la justice sur la base de la charia.

Deux jeunes filles à Grozny au coucher du soleil.

LES ERRANCES DU CNRS

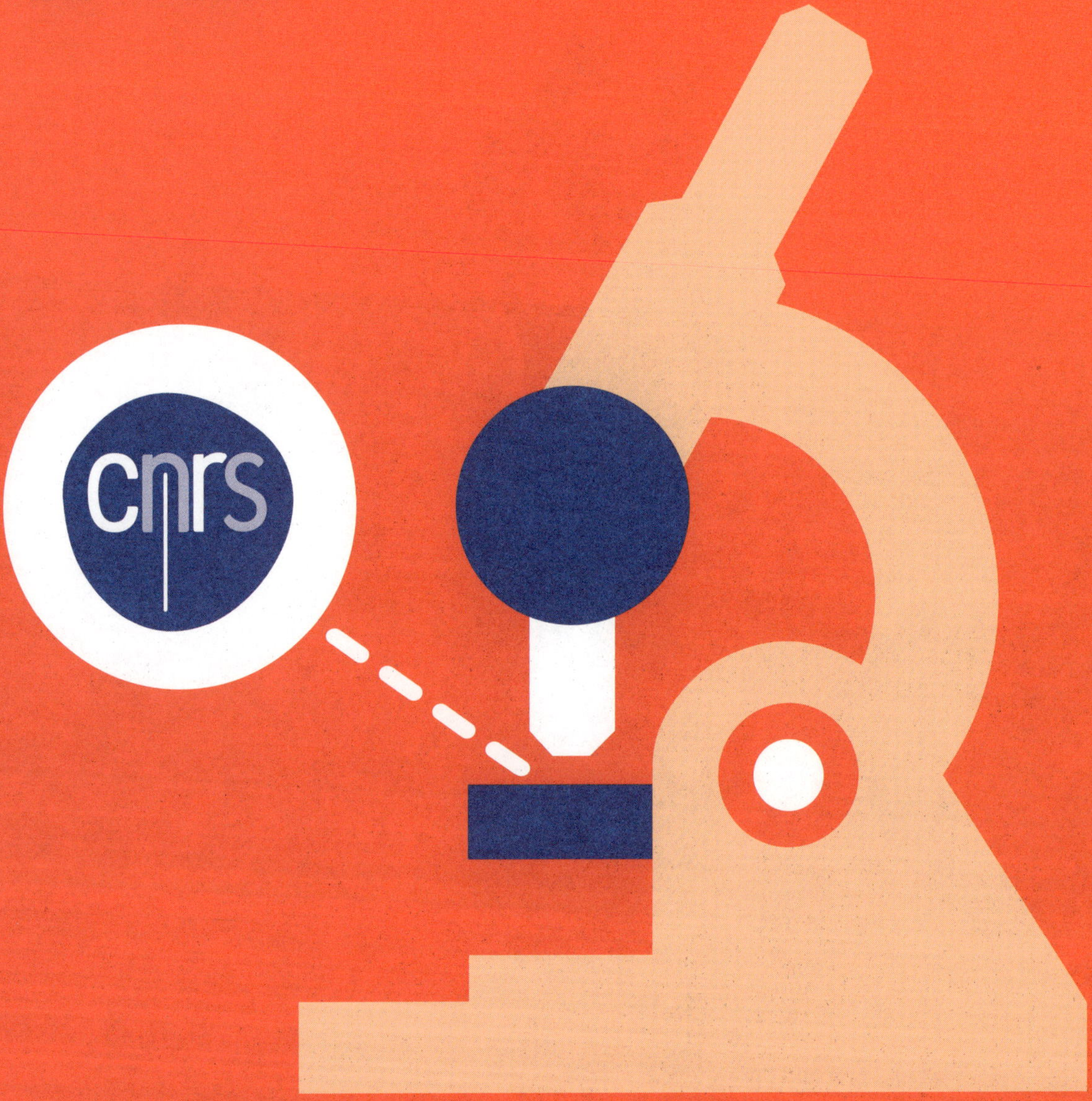

Le symbole de l'excellence de la recherche française sous le feu des critiques

PAR Antoine PECQUEUR

Baisse des recrutements, opacité des jurys, affaire de plagiat… la situation se tend au Centre national de la recherche scientifique (CNRS), au moment où doivent entrer en vigueur les décrets de la loi de programmation de la recherche. Le président de la prestigieuse institution, Antoine Petit, exacerbe la concurrence entre chercheurs·euses, favorisant les appels à projets au détriment de la recherche fondamentale. Après avoir commémoré ses quatre-vingts ans, ce symbole de l'excellence de la recherche française se voit aujourd'hui de plus en plus concurrencé à l'international.

«*Il y a actuellement une conjonction de sujets très lourds*», résume d'emblée Boris Gralak, directeur de recherche au CNRS en physique mathématiques et secrétaire général du syndicat national des chercheurs scientifiques SNCS-FSU. Depuis l'arrivée d'Antoine Petit à la tête de l'institution, nommé en 2018 par Emmanuel Macron, les sujets de tensions ne cessent de s'accumuler. Avec, comme dénominateur commun, la précarisation des chercheurs et chercheuses, et en particulier des plus jeunes. Malgré nos sollicitations répétées, Antoine Petit n'a pas donné suite à nos demandes d'entretien.

Des postes au compte-goutte

Au CNRS, le plus difficile est déjà d'y entrer. Une tendance qui s'accentue ces dernières années. L'une des premières mesures prises par Antoine Petit a ainsi été de diminuer le nombre de chercheurs et chercheuses recruté·e·s chaque année. Philippe Büttgen, professeur de philosophie à l'université Paris-I et membre du conseil scientifique du CNRS, tient à rappeler que «*le précédent président du CNRS, Alain Fuchs* [en poste de 2010 à 2017], *s'était toujours battu pour rester à trois cents chercheurs recrutés par an*». Antoine Petit réduit lui le nombre de postes statutaires à deux cent cinquante. Une décision brutale dénoncée par Boris

Gralak : « *Antoine Petit a défendu cette baisse devant ses collaborateurs en disant qu'en contrepartie le CNRS recruterait cinq cents doctorants en plus par an. Mais ce recrutement ne s'est pas fait, pour des raisons budgétaires. Au bout de trois ans, au lieu des mille cinq cents doctorants annoncés, il y en a seulement quelques centaines.* »

AU CNRS, LE PLUS DIFFICILE EST DÉJÀ D'Y ENTRER.

Seule compensation : le nombre d'ingénieur·e·s et technicien·ne·s, dont manquaient les laboratoires, a légèrement augmenté. Mais pas suffisamment pour calmer la grogne. Le comité national de la recherche scientifique (CoNRS), qui « *contribue à l'élaboration de la politique scientifique* » du CNRS, selon sa présentation sur le site de l'établissement, réunit des personnels de la recherche et de l'enseignement supérieur public. Il est constitué de sections thématiques et de commissions interdisciplinaires ainsi que de conseils scientifiques. « *Une République de la recherche* », comme on le surnomme. En juillet 2019, le Comité a organisé une session plénière extraordinaire afin de manifester son inquiétude face à un « *affaiblissement de la recherche publique* ».

Avec cette réduction du nombre de postes, les places deviennent donc de plus en plus chères. « *Et le métier de moins en moins attractif en France* », surenchérit le géographe Boris Grésillon, désormais installé à Berlin, qui dénonce « *une dérive libérale dans le pilotage du CNRS* ». Conséquence directe : l'âge moyen des chercheurs et chercheuses recruté·e·s ne cesse d'augmenter. Il est désormais de trente-quatre ans. « *Cette moyenne d'âge est inquiétante, même si elle varie selon les disciplines : en mathématiques on peut encore entrer relativement jeune, davantage qu'en physique et surtout qu'en biologie. Mais de toute évidence, c'est un problème majeur car il faut recruter les chercheurs quand ils sont jeunes, après leur thèse, au maximum de leur créativité. C'est cela dont a besoin la recherche* », plaide le mathématicien et député (Écologie démocratie solidarité) Cédric Villani. Cette augmentation de l'âge au moment du recrutement au CNRS est d'autant plus inquiétante qu'elle contribue à la précarisation des chercheurs et chercheuses, qui passent de plus en plus d'années entre la fin de leurs études et leur entrée sur le marché du travail – du moins à un poste stable. À cela s'ajoute le niveau des rémunérations une fois le poste obtenu… « *En France, les salaires de départ dans la recherche se situent entre mille six cents et mille huit cents euros net. Ils sont parmi les plus bas des pays de l'OCDE»*, souligne Boris Grésillon.

Jury scientifique ou jury politique ?

Pour les candidat·e·s, la difficulté ne se limite pas seulement au nombre de postes qui se réduit comme peau de chagrin. Le concours en tant que tel fait l'objet de controverses de plus en plus vives. Dans chaque section disciplinaire, les candidat·e·s sont en effet départagé·e·s par deux jurys. Tout d'abord, le jury d'admissibilité sélectionne une première série de dossiers, qu'il classe dans l'ordre du mérite. Mais c'est ensuite au jury d'admission de rendre l'avis final sur les recrutements. Et c'est justement cette étape du concours qui fait polémique. Si le jury d'admissibilité est constitué de vingt et un pairs spécialistes de la discipline dans laquelle se présente le candidat ou la candidate, le jury d'admission réunit lui un directeur d'institut du CNRS et dix personnes nommées par le ministère de la Recherche sur proposition du président du CNRS, dont cinq au moins doivent être chercheurs·euses dans l'institution, mais pas spécialistes d'un domaine en particulier. Ces dernières sont censées veiller à la répartition des entrant·e·s dans les universités et laboratoires de recherche et à l'équilibre des recrutements, notamment en termes de parité. En réalité, ce jury d'admission semble avant tout répondre aux intérêts plus politiques du CNRS.

LE CONCOURS D'ENTRÉE FAIT L'OBJET DE CONTROVERSES DE PLUS EN PLUS VIVES.

C'est ainsi que des candidat·e·s classé·e·s en tête de liste par le jury d'admissibilité ont ensuite été totalement mis·e·s à l'écart par le jury d'admission, disparaissant tout bonnement du classement final. Certain·e·s postulant·e·s déchu·e·s ont saisi le tribunal administratif : à la clé, des jugements qui ont pu être défavorables au CNRS.

En 2020, la cour administrative d'appel de Paris a ainsi condamné l'institution à annuler le concours de recrutement des chargés de recherche de la section 37 (Économie et gestion) de l'année précédente. Le jeune économiste Maxime Menuet avait été classé en première place par le jury d'admissibilité mais s'était vu éjecté de la liste des admis·e·s constituée par le jury d'admission. « *Un réel désaveu du travail du jury d'admissibilité»*, avait alors dénoncé le président de la section 37, Claude Diebolt. Et surtout, une décision jugée non recevable par la cour d'appel, qui a estimé, en suivant la première décision du tribunal administratif de Paris, que la décision du CNRS était fondée sur un motif étranger à la valeur de Maxime Menuet. En effet, le déclassement du candidat n'était motivé que par une raison purement institutionnelle : le CNRS aurait voulu s'arranger au mieux avec les deux entités dans lesquelles travaillait l'économiste au moment de sa candidature, l'Institut de recherche pour le développement (IRD) et le Centre d'études et de recherches sur le développement international (Cerdi), qui dépend de l'université Clermont-Auvergne. Aux yeux du CNRS, pas question de « voler » un chercheur à d'autres organismes de recherche. Cette affaire révèle un curieux dysfonctionnement des procédures de sélection, comme le pointe Maxime Menuet : « *La direction du CNRS affirme d'une part que le seul critère de recrutement doit être l'excellence scientifique. Mais, d'autre part, il ne tient aucun compte du classement opéré par les pairs, qui sont, par définition, les mieux à même de juger de l'excellence scientifique des candidats. Cela révèle une méconnaissance des principes généraux de la gestion administrative de la part de la direction d'un établissement public de recherche.* »

Et ce cas est loin d'être isolé. Matthieu Grossetête a pour sa part présenté sa candidature en 2017 et 2018 au concours de chargé de recherche de la section 36 (Sociologie et sciences du droit). Les deux fois, il est sélectionné par le jury d'admissibilité (il décroche même la première place en 2017). Mais il est écarté par le jury d'admission les deux années consécutives, sans explication sur les critères de ce déclassement. Et lors de la session 2019, sa candidature est carrément rejetée par le CNRS. Matthieu Grossetête saisit dès lors le tribunal administratif qui, par un jugement d'octobre 2020, annule le concours, dénonçant le fait que la candidature de Matthieu Grossetête « *n'était pas souhaitée par le président du jury d'admission* ». Selon un témoignage reproduit dans la décision du tribunal, François-Joseph Ruggiu, directeur de l'Institut des sciences humaines et sociales, aurait demandé au jeune sociologue « *un engagement moral de ne pas se présenter au concours de 2019* ». Mais le CNRS a interjeté appel du jugement et formé une requête en sursis à exécution du jugement. « *Désargenté, isolé et soucieux d'obtenir la titularisation sur le poste qu'il occupe actuellement* [à l'université de Toulouse], *Matthieu Grossetête a fait le choix de ne pas se défendre dans le cadre de ces actions*», nous répond son avocate, Raphaële Antona Traversi. Car pour ces jeunes chercheurs, engager des frais d'avocats représente des sommes conséquentes, surtout lorsqu'il s'agit de s'opposer à une telle institution.

La voie judiciaire n'est en outre pas forcément bien vue dans un monde scientifique et universitaire habitué à rester discret. Sans compter que ces actions en justice, lorsqu'elles débouchent sur un jugement favorable aux plaignant·e·s, peuvent entraîner l'annulation par ricochet du recrutement des chercheurs et chercheuses sélectionné·e·s lors du même concours. Le député Frédéric Descrozaille (LREM) a présenté en janvier dernier un projet de loi avec l'objectif de réintégrer cinq chercheurs et chercheuses dont l'admission au CNRS avait été annulée par jugement du tribunal administratif. « *Ces chercheurs sont des victimes collatérales* », nous dit Frédéric Decrozaille, qui déplore l'absence de dialogue sur ce sujet avec la ministre de l'Enseignement supérieur, de la Recherche et de l'Innovation Frédérique Vidal.

Si les polémiques autour de ces recrutements touchent principalement les sciences humaines et sociales, ce n'est pas un hasard, estime Philippe Büttgen : « *Les sciences humaines et sociales se confrontent par nature à l'idéologie. Les controverses scientifiques y sont nécessairement plus politiques qu'en sciences exactes.* » C'est ce qu'illustre l'histoire d'Akim Oualhaci. Le sociologue, spécialiste des classes populaires, s'est présenté trois années consécutives au concours du CNRS : à chaque fois, il a été sélectionné par le jury d'admissibilité, puis déclassé par le jury d'admission. Cette situation l'amène à saisir le Défenseur des droits, suspectant une discrimination caractérisée. La décision de ce dernier, datée du 3 juillet 2020 indique que « *l'enquête ne permet pas de réunir les éléments permettant d'établir que M. Oualhaci aurait été victime de discrimination à raison de son origine, de son patronyme ou de son âge. [Le défenseur] recommande toutefois au président-directeur général du CNRS de préciser les critères sur lesquels se fondent les jurys d'admission pour hiérarchiser les candidatures* ». Antoine Petit allait-il dès lors suivre la voie proposée par le Défenseur des droits et faire preuve de davantage de transparence ? C'est en fait l'inverse qui s'est produit.

En mars 2021, la direction du CNRS a informé les sections et le Comité national de la recherche scientifique que les listes des candidat·e·s admissibles, classé·e·s par ordre de mérite, ne seraient plus publiées et que le Service des concours se limiterait à un classement par ordre alphabétique. « *Une nouvelle fois, la direction du CNRS fait pression pour que les jurys d'admission puissent plus aisément passer outre le classement par mérite établi par les jurys d'admissibilité* », dénonce dans un communiqué le syndicat SNCS-FSU, qui décide dès lors de rendre publiques, sur son site, les listes par ordre de mérite. Le syndicat se dit attaché à la défense des concours de la fonction publique, qui doivent permettre la reconnaissance des mérites scientifiques dans la transparence et l'équité. « *C'est une situation surréaliste ! Ce sont les syndicats qui informent les candidats de leur place dans le classement* », observe Aurélien Robert, directeur de recherche en philosophie au CNRS. « *En supprimant la publication du classement, la présidence voulait avoir les mains libres. Mais c'est raté…* », pointe un chercheur.

S'engouffrer dans les brèches du mauvais fonctionnement de la recherche

Outre leur organisation, les concours interpellent aussi par le processus même de sélection. « *On reçoit quatre cents dossiers pour trois à quatre postes, nous n'avons pas le temps de tout contrôler*, nous dit une directrice de recherche. *La question de la crédibilité des concours se pose.* » Le sujet est plus que jamais d'actualité, avec cette année la non-titularisation de la chercheuse en philosophie médiévale Magali Roques, suspectée de plagiat. « *C'est une inconduite non pas d'un chercheur en poste mais d'une candidate*, souligne un directeur de recherche. *Les faits sont antérieurs à son recrutement mais ont conduit à celui-ci. Elle avait un superbe dossier de publication. Les jurys se sont prononcés sur une base faussée.* »

Un autre chercheur, Iacopo Costa, dénonce pour sa part une « *course à la publication en sciences humaines. [Magali Roques] est d'une certaine façon victime d'un système ultra-concurrentiel. Elle a copié pour étoffer son CV. Les chercheurs ont l'impression qu'aujourd'hui il faut être rentable et productif. Tout se compte en nombre de pages, alors que des articles de dix pages sont parfois bien plus fondamentaux que d'autres de soixante pages* ». C'est aussi le rôle des revues scientifiques qui est pointé du doigt dans cette affaire. Outre le fait de ne pas payer les auteurs et autrices, celles-ci ne prennent pas le temps d'opérer les vérifications de base du contenu des articles qui leur sont proposés : elles s'appuient sur les pairs, attendant que le milieu de la recherche s'autorégule. « *Le plagiat, c'est aussi l'effet de notre écosystème de publication*, dénonce Aurélien Robert. *C'est un système qu'il faut revoir, pour revenir à une "slow research", à l'instar du mouvement "slow food" en Italie dans les années 1980.* » Iacopo Costa abonde : « *C'est un problème culturel : on publie beaucoup et on lit peu !* »

« EN SCIENCES HUMAINES, IL EXISTE UNE VÉRITABLE COURSE À LA PUBLICATION. »

À l'été 2020, le Comité national de la recherche scientifique a été alerté par des revues et des chercheurs·euses au sujet de Magali Roques. Près de quatorze pages d'exemples ont été envoyées en vue de soutenir les suspicions de plagiat. À l'automne 2020, la chercheuse, recrutée par le CNRS en 2019, aurait dû être titularisée. Son stage est alors prolongé et l'institution lance une commission d'enquête afin d'examiner les travaux incriminés. Le verdict tombe en janvier 2021 : « *Dans ses publications en anglais, Magali Roques a de toute évidence manqué de rigueur dans sa pratique du référencement et n'a pas respecté les standards scientifiques en vigueur en la matière. Elle a donc enfreint l'exigence d'une méthode de travail irréprochable et scrupuleuse que tout chercheur se doit de respecter.* » Mais le rapport de la commission, qui semble souffler le chaud et le froid, conclut qu'aucune fraude scientifique n'est imputable à la chercheuse : « *Elle a été victime d'injustice car ses dénonciateurs ont façonné et diffusé à tort, sinon avec malveillance, l'image honteuse d'une* "serial plagiarist". » Après avoir mené différentes consultations, Antoine Petit a toutefois décidé de se séparer de la chercheuse. Le feuilleton aurait pu s'arrêter là. C'était sans compter sur une bévue qui a une nouvelle fois mis la communauté scientifique en rogne. Le CNRS a rendu public, par erreur, le nom de l'un des experts qui ont rédigé le rapport sur Magali Roques. Dans un communiqué, le CNRS présente « *toutes ses excuses pour avoir très malencontreusement rompu [son] anonymat, auquel il s'était pourtant engagé* ».

Reste, à la suite de cette affaire, une interrogation fondamentale, comme le pointe une chercheuse : « *Cela pose le problème de la formation : comment une personne qui est à ce niveau peut-elle s'affranchir à ce point des règles éthiques ?* » La pression à laquelle sont confronté·e·s les chercheurs et chercheuses aboutit aujourd'hui à un dilemme : comment concilier ambition personnelle et fonctionnement collectif, lequel est le propre d'une démarche scientifique en laboratoire ?

Recherche de financements *vs.* recherche fondamentale

Au moment où le gouvernement préparait la loi de programmation de la recherche (LPR) pour la période 2021-2030, Antoine Petit avait mis le feu aux poudres à travers une tribune, publiée le 26 novembre 2019 dans *Les Échos* – le choix du journal, référence de l'économie libérale en France, fournissant déjà des indices concernant son orientation. « *Il faut une loi ambitieuse, inégalitaire – oui, inégalitaire –, une loi vertueuse et darwinienne, qui encourage les scientifiques, équipes, laboratoires, établissements les plus performants à l'échelle internationale, une loi qui mobilise les énergies* », écrit le président-directeur général. Le jour même de la publication de la tribune, Emmanuel Macron participait aux cérémonies du 80e anniversaire du CNRS. Il y vanta un « *modèle de liberté dans la recherche* », mais sans aller aussi loin qu'Antoine Petit…

Un collectif de seize chercheurs et chercheuses avait immédiatement répliqué, dans *Le Monde* du 6 décembre : « *Le darwinisme social appliqué à la recherche est une absurdité. […] Invoquer Darwin pour justifier une politique de la recherche est un contresens : la sélection naturelle porte sur des variations aléatoires, or les chercheurs ne travaillent pas au hasard.* » C'est une fois de plus la compétition entre chercheurs et chercheuses qui était mise en avant par le président du CNRS. Si le ton était politique, ce n'est pas un hasard : le même Antoine Petit participait à cette période à l'un des trois groupes de travail préparatoire à la LPR. Dédié à la « Recherche sur projets, au financement compétitif et au financement des laboratoires », ce groupe réunissait également Cédric Villani et Sylvie Retailleau, présidente de l'université Paris-Saclay. La loi fut ensuite promulguée en pleine crise sanitaire, en décembre 2020. Les décrets doivent quant à eux sortir en automne 2021.

La LPR promet des moyens supplémentaires : la ministre de la Recherche, Frédérique Vidal, fait miroiter des « *moyens inédits* », grâce à une hausse de 30 % du budget entre 2021 et 2030, passant de quinze à vingt milliards d'euros par an. « *C'est bien là tout le paradoxe : il y a rarement eu des montants aussi importants mis pour la science mais malgré cela, le texte a rencontré une très forte opposition* », observe Cédric Villani, qui a lui-même voté contre cette loi pour différentes raisons : « *La perspective de changement sur dix ans, avec l'échéance de 2030, est trop lente. Je plaidais pour au maximum sept ans* [l'effort budgétaire prévu dans la loi ne sera pas porté par le gouvernement actuel et devra donc surtout être engagé lors de la prochaine mandature]. *Mais surtout, ce qui m'a ulcéré, c'était l'ajout du délit réprimant les intrusions de personnes extérieures sur les campus universitaires, avec l'idée de faire fonctionner les universités sur les mêmes règles de sécurité que les lycées.* » Cette dernière disposition de la loi a finalement été censurée par le Conseil constitutionnel.

Mais surtout, aux yeux d'un grand nombre de chercheurs et chercheuses, la LPR favorise encore davantage les appels à projets au détriment de la recherche fondamentale, et notamment au CNRS. Selon Boris Gralak, « *la recherche fondamentale est de plus en plus difficile à développer. Dans une aventure scientifique, on ne peut pas prévoir la direction qui sera suivie jusqu'au bout, ce que va être le résultat et quand il arrivera. Il y a trop d'inconnues, trop de risques dans la recherche fondamentale pour les tenants d'une approche libérale telle qu'elle est appréhendée en France. Ces derniers privilégient le principe de l'appel à projets où on vous demande ce que vous allez obtenir, dans combien de temps et en donnant des jalons. Les recherches qui peuvent s'y plier sont surtout celles qui ont déjà été faites ou presque ! C'est pour cette raison que des chercheurs vendent des projets qui ont déjà été faits ou qu'ils sont sûrs de pouvoir faire* ».

LA LPR FAVORISE ENCORE DAVANTAGE LES APPELS À PROJETS AU DÉTRIMENT DE LA RECHERCHE FONDAMENTALE, ET NOTAMMENT AU CNRS.

Or, justement, les chercheurs militent en faveur de la recherche fondamentale. Pendant la crise sanitaire, le directeur de recherche au CNRS Bruno Canard a expliqué qu'il n'avait eu de cesse depuis plusieurs années de réclamer davantage de fonds pour pouvoir travailler sur les coronavirus, au moment où le sujet était très peu connu. Désormais, les appels à projets sur le sujet sont légion… « *On demande de plus en plus aux scientifiques de rebondir sur des sujets d'actualité, alors que nous nous inscrivons dans un autre temps* », rappelle la géographe Béatrice von Hirschhausen, directrice de recherche au CNRS, qui souligne aussi « *les écarts de responsabilité entre hommes et femmes, en particulier en termes de progression de carrière, même si la situation s'améliore fort heureusement* ».

Le CNRS, ou l'ubérisation de la recherche

Les appels à projets ont aussi comme objectif de développer les partenariats entre public et privé. C'est l'un des mantras d'Antoine Petit, qui espère voir le CNRS se transformer en vivier à start-up. En 2020, l'institution a fêté la création de la mille cinq centième start-up issue des laboratoires sous tutelle de l'institution. « *Mais la réalité est tout autre : mis à part dans quelques secteurs, la France n'est plus un pays industriel, et donc les entreprises ne s'engagent pas dans la recherche* », regrette Boris Gralak, rappelant que la stratégie de Lisbonne, mise en œuvre lors de la réunion en 2000 des chefs de gouvernements européens, avait alors incité à développer la recherche en Europe afin d'éviter le décrochage et de réduire l'écart de performances avec les États-Unis. Mais vingt ans plus tard, la crise sanitaire n'aura fait que confirmer la tendance. L'absence de vaccins français sonne ainsi comme un désaveu de la recherche médicale française. « *Historiquement, la France a longtemps défendu la recherche fondamentale*, souligne Cédric Villani. *Il y a eu plus récemment une inversion vers les appels à projets. Peut-être faut-il désormais trouver un bon équilibre.* »

La précarisation des chercheurs et chercheuses du CNRS passe aussi par la nature même de leurs contrats. En 1983 était institué par décret le statut de chercheur fonctionnaire. Mais désormais, c'est un véritable millefeuille : outre le statut de fonctionnaire, un chercheur ou une chercheuse peut travailler en CDI de droit privé, CDI de mission, sans oublier les CDD. Une forme d'ubérisation des chercheurs et chercheuses, que l'on missionne sur des projets de plus en plus spécifiques. « *Antoine Petit est nommé par le gouvernement, il est donc là pour*

LES CHERCHEURS ET CHERCHEUSES SONT DE PLUS EN PLUS SOUVENT MISSIONNÉ·E·S SUR DES PROJETS ISOLÉS, MULTIPLIANT LES CONTRATS PRÉCAIRES.

appliquer la politique du gouvernement», commente Boris Gralak, complété par un autre chercheur : «*Antoine Petit accentue la gestion pyramidale, et enlève les prérogatives au Comité national de recherche scientifique, qui avait déjà commencé à être abîmé sous Nicolas Sarkozy.* »

Le monde de la recherche est néanmoins reconnaissant envers le directeur du CNRS d'avoir réagi en février dernier avec une certaine fermeté au projet d'étude sur l'islamogauchisme à l'Université que la ministre Frédérique Vidal souhaitait confier à la prestigieuse institution. Dans un communiqué, le CNRS, tout en se disant prêt à participer à l'enquête, avait dénoncé un terme «*sans aucune réalité scientifique*», regrettant une «*polémique emblématique d'une instrumentalisation de la science*». Depuis lors, le projet est resté lettre morte.

Reste que les chercheurs et chercheuses français·es sont aujourd'hui de plus en plus nombreux·euses à regarder avec envie la situation chez leurs voisin·e·s. À commencer par l'Allemagne. «*Je pense que la France aurait du mal à me donner les moyens que me donne l'Allemagne*», avait déclaré Emmanuelle Charpentier après avoir reçu en 2020 le prix Nobel de chimie. Outre-Rhin, la part de la recherche dans le PIB se situe à 3 %, contre 2,2 % en France. L'atout de l'Allemagne est de posséder encore des industries puissantes. Et la valorisation du métier n'y est pas non plus la même : « *Quelqu'un qui a un doctorat peut devenir chancelier* [Angela Merkel est docteure en physique]. *En France, ce n'est pas ce type de parcours* [qui est valorisé] », observe Boris Grésillon. Au Japon, la part de la recherche dans le PIB monte même à 3,21 % et en Corée du Sud, elle atteint 4,55 %. Peut-on aller vers plus de coopération internationale ? Dans la recherche, la voie est parfois étroite entre la protection des intérêts économiques nationaux et le développement des échanges entre différents pays.

La présidence d'Antoine Petit se termine en 2022. Sera-t-il reconduit après ce mandat chaotique, fait de déclarations polémiques, d'absence de transparence et de mesures d'austérité ? La réponse à cette question est évidemment étroitement liée au résultat de la prochaine élection présidentielle. De même qu'à l'avenir, ou l'abandon, de la loi de programmation de la recherche.

BIENVENUE SUR LA PLANÈTE E-GIRL

Jeux vidéo, chatons, argent et pornographie

PAR **Cecilia D'ANASTASIO**
TRADUIT DE L'ANGLAIS (ÉTATS-UNIS) PAR ÉMILIEN BERNARD[1]

Longtemps très masculin, voire hostile aux femmes, le monde du jeu vidéo n'est désormais plus (autant) ce *no woman's land* peuplé de geeks misogynes. Une évolution logique d'un point de vue économique, tant les débouchés commerciaux sont énormes. Symboles de ce nouvel eldorado, des jeunes filles profitent de cette ouverture afin de se faire un nom sur des réseaux sociaux tels TikTok ou Twitch. Ces nouvelles e-stars se filment en train de jouer ou de minauder, souvent déguisées, monnayant ensuite leur popularité en tant que « gameuses » et icônes adolescentes. Phénomène croissant aux États-Unis, mêlant réminiscences de Lolita, fascination pour l'univers du manga, amour des chatons et goût du high-tech, ces « e-girls » sont un symptôme de l'avènement d'une nouvelle ère dans les cultures numériques autant que de la persistance de normes de féminité aliénantes. Décryptage.

Destiny Caldwell semble nager dans sa chaise rose de gameuse. Sa chambre donne cette même impression d'un univers aquatique. Ou d'une autre planète. Éclats roses. Touches de clavier aux faux airs de friandises. Et, dans le halo d'un fil de LED scintillantes, une poignée de peluches Pokémon.

On la voit sur une vidéo TikTok, affalée sur son fauteuil, avec sur la tête un casque audio rose à oreilles de chat posé sur un sous-bonnet de perruque couleur chair. « *Il se fait tard, je vais me déconnecter* », annonce-t-elle à quelqu'un sur Discord. Soudain, l'application sonne – un autre appel. Caldwell devient frénétique. « *Merde, merde, merde* », peste-t-elle en réajustant son déguisement cosplay* *[NDLR : les termes et références suivis d'un astérisque sont définis dans le glossaire]* de matelot. À la hâte, elle enfile une perruque rose à longues tresses, avant d'accepter l'appel. «*Heyyyyy!!!*», minaude-t-elle avec un sourire forcé et d'une voix caricaturalement aiguë.

«*J'ai une question pour toi*», poursuit-elle, semblant répondre à un fan, d'un air faussement timide. «*Est-ce que tu peux m'acheter* Cold War* ?» De nouveau, la voix de bébé se fait stridente: «*Youpiii!!!*»

Dans cette vidéo, Caldwell, aussi connue sous le pseudo desssyyc, joue sur le registre de la parodie, reprenant un mème* TikTok populaire chez les e-girls – des filles à profil *otaku** pratiquant les jeux vidéo, qui portent des chaussettes hautes et miaulent en ligne leur enthousiasme. Comme les adeptes des sous-cultures gothiques ou scène*, les e-girls sont reconnaissables au premier coup d'œil, posant systématiquement en jupes d'écolières et les cheveux teintés de couleurs vives, le tout souvent agrémenté d'oreilles de chat. Pour ce mème, Caldwell a adopté à dessein un comportement mis notamment en avant par l'Urban Dictionary, qui définit l'e-girl type comme «*une femme créant en ligne un personnage dérivé d'elle-même*».

Un univers en réseau dans une chambre d'ado

Contrairement aux filles gothiques ou scène, on ne rencontre quasiment jamais d'e-girls en extérieur. Elles n'existent que dans leurs chambres à coucher tendance *soft girl** et à travers les écrans: TikTok, Twitch, Instagram. La princesse Peach* enfermée dans son château et sur les réseaux. Les e-girls vivent là et seulement là, assemblages de produits et de goûts composant des formes d'identité numérique à la pointe de la modernité. Ce sont des marchandises, créées à partir de marchandises. Ou, plus précisément, des avatars, s'aventurant uniquement sur les réseaux, profitant du processus d'hyperféminisation progressive de la culture gameuse.

Il y a encore quelques années, le terme e-girl était une insulte utilisée pour dénigrer les filles partageant leurs parties de jeux vidéo sur Twitch. On les réduisait alors à une sorte de caricature de *camgirls* mettant en scène des trucs interdits aux moins de treize ans à destination des gameurs. Diffuser un stream de *League of Legends** alors que l'on porte un chemisier décolleté ? E-girl.

Parler dans un micro rose de type Razer Seiren X ? E-girl. Gagner des clopinettes en tant que femme sur Internet ? E-girl. Et tout ça ne prenait nullement en compte le fait qu'elles jouent ou non aux jeux vidéo – encore moins leur éventuel niveau. Qu'elles aient déjà gagné un tournoi local de *Call of Duty* ou qu'elles aient simplement passé quinze heures à gérer une ferme sur *Stardew Valley*, c'était kif-kif. Les filles ne pouvaient être vraiment des gameuses, assuraient les crétins. Encore pire : selon leur logique perturbée, les fausses joueuses e-girls volaient des vues aux *vrais* gameurs masculins.

DE DIVERS COINS D'INTERNET, ALORS QUE DES VAGUES DE GAMEUSES ET INFLUENCEUSES DÉFERLAIENT, LE CONCEPT S'EST MATÉRIALISÉ SOUS FORME D'UNE ESTHÉTIQUE.

« *Le stéréotype associé aux e-girls, c'était qu'elles n'avaient aucune dignité, pleuraient pour attirer l'attention en ligne et avaient toutes des problèmes d'Œdipe mal réglé avec leur père* », dit Jo, suivie par huit millions quatre cent mille personnes sur TikTok, sous le nom de nintendo.grl. Début 2019, Jo a installé un filtre bannissant le terme « e-girl » dans les commentaires de son profil TikTok. Les vidéos avec bande sonore tirées d'animes* dans lesquelles elle dévoilait l'« *unboxing* »* de périphériques roses pour gameuses ou d'accessoires de mode *kawai** attiraient les commentaires malveillants de gros réacs. « *Si ton installation est rose, ils te disent genre :* " T'es une fausse gameuse. " *Mais mon PC est peut-être meilleur que le leur. Il est possible que j'aie une meilleure config. Mais ils me disent quand même ce genre de trucs !* »

Plus tard cette même année, la génération Z s'est finalement réclamée de l'appellation « e-girl », une réappropriation assez similaire à celle des milléniaux ayant récupéré le terme « salope » (*slut*). De divers coins d'Internet, alors que des vagues de gameuses et influenceuses déferlaient, le concept s'est matérialisé sous forme d'une esthétique. Et la perception collective a évolué : les e-girls étaient en fait plus mignonnes que les gameurs n'étaient tarés. Jo prit note du fait qu'il existait désormais plein de jeunes femmes postant des vidéos étiquetées « *e-girl factory* », se filmant au cours de leur « *transformation e-girl* » : le maquillage, la jupe, etc. Ensuite, bien sûr, elles dansaient, remuant leurs hanches dans tous les sens et tirant leur langue en posture *ahegao** – le visage en « O » à la façon des *hentai**. Jo a cessé de bloquer le terme « e-girl » et l'utilise désormais comme hashtag de ses vidéos.

L'univers associé aux e-girls a métastasé. Sur Twitch, c'est une gameuse. Sur TikTok, une amuseuse. Sur Instagram, une icône de la mode. Sur Discord, peut-être, un *crush*. Une explosion de confettis numériques saluant ce moment où l'intérêt féminin pour les jeux vidéo a enfin été accepté par le courant dominant en même temps qu'il était récupéré par les industries du secteur.

Deux passions hors de prix : la beauté et le jeu vidéo

Comme c'est le cas de tout produit manufacturé, l'esthétique e-girl est devenue monnayable. Une section « e-girl » apparaît sous la bannière « What's Hot » du site d'accessoires et bijoux pour adolescentes Claire's. Son concurrent Hot Topic, qui mise lui sur la galaxie scène, vend des chaînes de médaillon et des teintures capillaires vertes dans sa catégorie « *esthétique e-girl* ». Des tutoriels de maquillage pour e-girls, au premier rang desquels celui réalisé pour *Vogue* par la rappeuse de Los Angeles Doja Cat, ont cumulé des millions de vues sur YouTube. (Dans un passage qui est devenu sa signature, Doja Cat tamponne du fard rouge au bout de son nez, se donnant un look d'héroïne d'anime confrontée à un climat glacial.) Les e-girls ont besoin d'un illuminateur de teint couleur « clair de lune », d'un *eyeliner* liquide, de faux cils, d'un fard à paupières irisé, d'un produit supprimant les taches sur le contour du nez. Mais leur look ne serait pas impeccable sans les filtres vidéos « estompeurs de pores » utilisés sur les réseaux sociaux. Dans son morceau « E-GIRLS ARE RUINING MY LIFE ! », le YouTuber et musicien Corpse Husband dépeint cet univers : « *She got* Death Notes* / *Dead souls / Split dye / Chain cold.* » (« *Elle possède des cahiers de la mort / Des âmes mortes / Des cheveux bicolores / Un genre glacial.* »)

LA CULTURE E-GIRL EST UNE CULTURE DE CONSOMMATRICES. ELLE EST RATTACHÉE À UNE *WISH LIST* D'AMAZON ET ON PEUT L'ACQUÉRIR AVEC UNE CARTE DE CRÉDIT.

Il est question de beauté. Mais également de contenu. On n'est plus dans les années 2000, quand l'esthétique des gameurs hardcore était définie par les couleurs du Bat-signal*. Place aux liquides de refroidissement EK Cryofuel « Power Pink » propulsés dans des tubes reproduisant la Rainbow Road* de *Mario Kart*. Des figurines turquoises Hatsune Miku* posées entre un processeur graphique à plus de mille cinq cents dollars et des tonnes de mémoire RAM. Un fauteuil de gameur moelleux aux tons pastels. Et plus important encore, les périphériques. En 2018, Razer a sorti sa gamme Quartz Pink – claviers, souris, manettes, casques et micros affublés d'une teinte rose-bébé – qui, plus encore que les habits, est devenue l'uniforme officiel des e-girls.

La culture e-girl est une culture de consommatrices. Elle est rattachée à une *wish list* Amazon et on peut l'acquérir avec une carte de crédit. Et elle est onéreuse, fusion de deux sous-cultures consuméristes qui vous séduisent à la manière de chatons mignons. Aux États-Unis, la génération Z dépense en moyenne quatre-vingt-douze dollars par mois en jeux vidéo, sans compter le matériel informatique. Dans le même temps, les filles de cette génération consacrent plus de deux cent quarante dollars par an à l'amélioration de leur look. Cela fait, au total, plus de mille trois cents dollars annuellement. Pour les e-girls, c'est sans doute beaucoup plus. Caldwell explique que son budget e-girl mensuel oscille entre quelques centaines de dollars et quelques milliers, avec des pointes à mille en une semaine. La sphère e-girl est en effet à la jonction de deux passions particulièrement ruineuses : le jeu vidéo et la beauté. C'est pour cela que le mème fonctionne : « *Peux-tu m'acheter* Cold War ? »

C'est en partie une blague, explique Caldwell, parce qu'en réalité elle ne parle pas comme un bébé qui aurait inhalé de l'hélium. Mais ce n'en est pas totalement une non plus car son mode de vie est en partie subventionné. « *Une grande partie de mon argent était consacré à mon esthétique, parce que j'adorais ça et que ça me faisait me sentir bien* », ajoute Caldwell qui, à côté de ça, exerce un emploi à plein temps. C'était onéreux. Très. Et donc elle a commencé à poster en ligne ses *wish lists* Amazon. Elles pouvaient inclure par exemple une perruque d'un personnage de *League of Legends* et une manette de Nintendo Switch agrémentée d'oreilles de chats. « *J'ai la chance que des gens désirent contribuer à mes objectifs et m'aider à obtenir les choses que je veux, qu'il s'agisse d'un jeu vidéo ou d'un costume cosplay*», résume-t-elle. Et puis, parce qu'elle streame sur Twitch, elle veut que son PC soit le top du top. « *Un cadeau est un cadeau.* »

« JE VENDS DÉSORMAIS L'EAU DE MON BAIN POUR VOUS, LES GAMEURS ASSOIFFÉS. »

Les e-girls les plus célèbres forment un tableau décentralisé, une fusion numérique financée en partie par la passion des fans. Ce sont des reines de la micro-célébrité parasociale, demandant de vingt-cinq à trente-cinq dollars par mois pour des prestations coquines de « fille gameuse » diffusées sur l'application OnlyFans*, ou vingt-cinq dollars pour une série de photos cosplay. « *Cela fait partie intégrante de l'univers de la fantasy* », estime Rusty Fawkes, une e-girl suivie par un million cinq cent mille followers sur TikTok. Dans sa section OnlyFans, Fawkes poste des images d'elle dans des postures lubriques et en costumes cosplay, les seins dénudés, avec perruques et oreilles de chatons. Ce n'est pas de cette manière que les filles jouent aux jeux vidéo, explique-t-elle. Elles ne se recouvrent pas de maquillage ni ne portent de perruque ou un costume de *Darling in the Franxx** pour aller s'éclater sur *Valorant**. (Parfois, des spectateurs lui signalent que sa manette n'est pas branchée.)

Cela relève de l'hyperbole. De l'abstraction. Selon Fawkes, « *c'est sexualisé à l'intention de ceux qui regardent. Je veux dire, hé, si c'est quelque chose que tu peux monnayer et que c'est possible de le faire, eh bien pourquoi te l'interdire ?* » En 2019, l'e-girl Belle Delphine a posté une photo d'elle dans son bain avec sa manette rose de gameuse : « *Je vends désormais l'*EAU DE MON BAIN *pour vous, les gameurs* ASSOIFFÉS. » Trente dollars. Elle a écoulé le stock en un rien de temps. Un constructeur de PC particulièrement entreprenant a pour sa part mis en vente des ordinateurs utilisant cette eau Belle Delphine dans leur système de refroidissement. Mille cinq cents dollars.

Une bulle consumériste dans un océan capitaliste

L'existence même d'e-girls professionnelles de ce type pousse à se poser la question : est-ce une libération ? Les e-girls les plus emblématiques sont l'équivalent des lolitas japonaises inspirées par le rococo – avec des robes soyeuses en forme de pâtisserie, des chaussures Mary Janes de poupée victorienne et des chaussettes montantes. Au premier abord, elles peuvent sembler infantilisées, un appel à l'obsession masculine pour les jeunes femmes. On est clairement dans *Lolita*, après tout. Mais d'autres adeptes de ce style diraient qu'il est davantage question de subversion que d'infantilisation. Que c'est un défi au regard masculin (*male gaze*). Que c'est une puérilité agissante, une armure corporelle contre la réalité, déployée de la tête aux pieds. Davantage des poupées que des humaines.

PEUT-ÊTRE SONT-ELLES L'ABOUTISSEMENT NATUREL DE L'IDÉAL CYBERFÉMINISTE FORMULÉ PAR DONNA HARAWAY ?

Si les e-girls sont des poupées, les gens éprouvent beaucoup de plaisir à les habiller. Peut-être sont-elles l'aboutissement naturel de l'idéal cyberféministe formulé par Donna Haraway en 1985 : des créatures simultanément « *animales et machines qui habitent des univers ambigus à la fois naturels et fabriqués* » (*Manifeste Cyborg et autres essais*). Des filles-chats propulsées sur les réseaux depuis leurs chambres à coucher customisées. Entonnée d'une voix enfantine grimpant dans les aigus, voici l'hymne que la productrice Senzawa a entonné en 2018, évoquant une discussion sexuellement explicite sur un forum pour passionnés du mouvement *furry** dans les années 2000 : « *Rawr!! x3 nuzzles pounces on u / uwu u so warm* » (« *Miam!! 3 museaux bondissent sur toi / uwu*, t'es trop chaude* »). Haraway avait-elle tort ?

Selon Caldwell, c'est une certitude : le phénomène e-girl est porteur d'*empowerment*. Elle ne le fait pas pour les hommes, dit-elle, ni pour personne d'autre. Et les enfants n'ont pas le monopole des trucs mignons. Les gens prennent tout cela trop au sérieux. « *Oui, je joue aux jeux vidéo* », murmure Caldwell dans un autre mème TikTok. Elle porte un soutien-gorge de luxe rose assorti d'oreilles de lapin pendantes, ainsi qu'un mini-short. « *Je sais que je ne ressemble pas à ton stéréotype du gameur, mais regarde ça* », dit-elle. La caméra est coupée et laisse place à une vidéo d'elle pratiquant un jeu vidéo sur son PC customisé : à l'écran, elle déplace une éponge sur une assiette virtuelle et bouge sa tête en rythme.

Un commentateur ne saisit pas la blague. «*Je ne comprends pas pourquoi les filles portent toujours ce type d'habits quand elles jouent*», écrit-il. Caldwell répond sur un ton badin : « *Parce que je suis dans mon espace et que je peux y porter ce que je veux :).* »

Le monde élaboré des e-girls, ambigu car à la fois scène de théâtre et chambre à coucher privée, ressemble à une bulle dans l'océan. De l'extérieur, la bulle est délicate, isolée, renvoyant les rayons de l'arc-en-ciel. Mais les deux systèmes qui donnent leur raison d'être aux e-girls saturent cet univers de l'intérieur : la technologie et le genre. L'industrie de la beauté pèse cinq cent trente-deux milliards de dollars. Celle du jeu vidéo draine cent soixante-huit milliards de dollars. Et cela sans parler des sommes incommensurables que génèrent les plateformes de création et de consommation de contenu. Quand cette bulle éclate, elle ressemble au reste de l'océan.

1. Cet article a été initialement publié le 6 février 2021 sur le site Wired sous le titre « Welcome to Planet Egirl ».

Glossaire

Initialement publié sur le site Wired, revue spécialisée dans les technologies numériques, ce texte utilise un vocabulaire déroutant pour les néophytes. Nous vous proposons donc un glossaire des termes techniques et références les plus ardus, signalés dans le texte par un astérisque :

* ***Ahegao*** : terme issu de la pornographie japonaise renvoyant à une expression faciale exagérée de personnages pendant un rapport sexuel. Ce sont le plus souvent des femmes qui sont ainsi caricaturées, les yeux écarquillés et la langue saillante.

* **Anime** : série ou film d'animation en langue japonaise, souvent adapté ensuite en langues étrangères.

* **Bat-signal** : dans l'univers de la franchise Batman, le Bat-signal est un dispositif lumineux noir et jaune déployé dans le ciel et par lequel on peut appeler le héros chauve-souris.

* ***Cold War*** : jeu de tir à la première personne se déroulant pendant la guerre froide, dernier opus de la série à succès Call of Duty.

* **Cosplay** : loisir très développé chez les jeunes au Japon, basé essentiellement sur le déguisement et visant à reproduire le costume de célèbres personnages fictifs, issus entre autres de l'univers du manga, du jeu vidéo ou des films d'animation.

* ***Darling in the Franxx*** : série d'animation et manga japonais décrivant un futur dystopique terrifiant et déployant un message écologique, notamment par sa critique de la fuite en avant technologique.

* ***Death Note*** : dans le manga japonais *Death Note*, le personnage principal trouve un « cahier de la mort », qui provoque le décès de toute personne dont le nom est inscrit à l'intérieur.

* ***Furry*** : littéralement : « poilu ». Mouvement culturel apparu dans les années 1980 et se définissant par l'intérêt envers des animaux présentant des similitudes avec l'être humain. Comme dans le cosplay, il y est beaucoup question de déguisements et de jeux de rôle.

* **Hatsune Miku** : avatar commercial de programmes japonais de synthèse vocale – concrètement, une chanteuse de fiction aux longs cheveux turquoises.

* ***Hentaï*** : mangas ou dessins animés japonais à caractère pornographique.

* ***Kawaï*** : dans la culture japonaise, déclinaison adolescente du terme mignon, souvent associée aux chats.

* ***League of Legends*** : jeu vidéo mythique sorti en 2009, souvent abrégé LOL, qui se joue en réseau et propose de mener des batailles en équipes. Les compétitions de LOL sont l'un des incontournables du esport.

* **Mème** : image ou vidéo détournée de son sens originel pour se voir agrémentée de multiples modifications par un grand nombre d'internautes, visant généralement une portée humoristique ou ironique.

* **OnlyFans** : service d'abonnement à des contenus photos ou vidéos, lancé en 2016. Il est généralement utilisé pour monnayer des contenus pornographiques.

* ***Otaku*** : terme issu du japonais renvoyant à une personne, souvent jeune, passant un temps démesuré dans son foyer et devant des écrans, avec des répercussions psychologiques importantes.

* **Princesse Peach** : dans la franchise de jeux vidéo Mario, Peach est la princesse que le héros doit sauver, souvent enfermée dans un donjon par le méchant Bowser.

* **Rainbow Road (Route arc-en-ciel)** : dans l'univers de la série de jeux vidéo Mario Kart, cette route est un circuit situé dans l'espace et caractérisé par des couleurs très vives.

* **Scène** : sous-culture proche de l'univers émo et très adolescente, née au Royaume-Uni et aux États-Unis dans les années 2000 et se caractérisant notamment par des vêtements de couleur vive.

* ***Soft girl*** : déclinaison plus sage de l'e-girl, se mettant en scène de manière moins provocante et portée sur les couleurs douces et pastels.

* ***Unboxing*** : mise en scène sur les réseaux sociaux de la découverte d'objets que l'on s'est fait livrer.

* **Uwu** : émoticône imitant le visage d'un petit animal et désignant généralement un sentiment de bonheur intense.

* ***Valorant*** : Jeu vidéo de tir à la première personne, se pratiquant en mode multijoueurs et se voulant à la fois compétitif et accessible au plus grand nombre.

BERNARD ROUGIER, UN CHERCHEUR CONQUIS PAR LA FIÈVRE IDENTITAIRE

De la recherche scientifique aux plateaux télévisés

PORTRAIT

PAR Laurent BONNEFOY

Certaines trajectoires de recherche sont déconcertantes. Comment Bernard Rougier, universitaire reconnu et respecté, spécialiste de l'islamisme au Proche-Orient, a-t-il évolué jusqu'à devenir l'« *éminence grise* » de la politique française de lutte contre le « séparatisme » ? Alors que la question musulmane en général risque bien d'être placée au cœur de la prochaine campagne présidentielle, les travaux qui se positionnent à l'interface entre la science et les outrances sécuritaires interrogent l'instrumentalisation politique de la recherche.

L'année 2020 avait débuté dans les médias français par une impressionnante campagne de promotion de l'ouvrage collectif *Les Territoires conquis de l'islamisme* dirigé par Bernard Rougier[1]. Ce professeur des universités en civilisation arabe contemporaine à la Sorbonne Nouvelle était auparavant connu pour le sérieux de ses travaux sur le salafisme au Liban et sur les mouvements révolutionnaires égyptiens[2]. L'écho médiatique qu'a reçu ce nouveau livre et le ton unanimement laudateur de cette médiatisation avaient un côté inhabituel. Alors que les ouvrages scientifiques écrits à plusieurs mains sont le plus souvent publiés dans l'indifférence des médias généralistes, cette nouvelle publication, centrée sur la France, fut immédiatement décrite comme un travail « *sérieux, érudit* » (*Marianne*)[3] et une « *enquête universitaire implacable* » (*Valeurs actuelles*)[4]. La presse de droite et d'extrême droite, manifestement heureuse de trouver une caution scientifique à ses obsessions, se montra particulièrement chaleureuse. À l'évidence, cette publication entrait en résonance avec ce que les sociologues Abdellali Hajjat et Marwan Mohammed désignent comme les « *logiques médiatiques de la stigmatisation des musulmans*[5] ».

« *Éminence grise de l'exécutif* »

Un an plus tard, la réédition de cet ouvrage, augmentée de chapitres centrés sur la campagne des élections municipales de 2020 et la pandémie de Covid-19, a donné lieu à une couverture médiatique tout aussi remarquable. Toutefois, la campagne de promotion de l'ouvrage insistait dorénavant sur l'interface développée par l'universitaire avec le gouvernement français, le premier devant guider le second, induisant une relation supposément salutaire entre le « *savant* » et le « *politique* » en période de crise multiforme.

Décrit par *L'Express* comme l'« *éminence grise de l'exécutif* [6] », Bernard Rougier par ses propos diffuse une analyse qui, de façon incontestable, légitime la « *lutte contre le séparatisme* » engagée par le gouvernement et les politiques de restriction des libertés qui l'accompagnent (dissolution d'associations, encadrement et limitation des droits à l'instruction, contrôle du financement des lieux de culte). Elle vient parallèlement encourager une logique de surveillance du champ universitaire, accusé d'entretenir une idéologie « *racialiste* » et une logique « *victimaire* ». Son interview croisée avec le ministre de l'Intérieur, Gérald Darmanin, placée en couverture du *Figaro Magazine* du 29 janvier 2021, atteste d'une troublante convergence de vues. Pour l'un comme pour l'autre, seule une réponse musclée, volontariste et tous azimuts s'impose ; une politique qui cible une multitude d'individus, d'associations, d'intellectuels, de chercheurs, d'entrepreneurs et d'anonymes coupables de faire le lit du « *séparatisme* » qui, lui-même, favorise le djihadisme[7]. Armé de ce raisonnement, le ministre de l'Intérieur, débattant sur France 2 avec Marine Le Pen, ira jusqu'à stigmatiser la « *mollesse* » de cette dernière dans la lutte contre l'« *islamisme* »[8].

L'engagement de Bernard Rougier dans le débat public rompt avec ses travaux précédents sur les mouvements islamistes au Moyen-Orient, marqués par un rapport passionné au terrain, une très bonne maîtrise de la langue arabe, un respect de son objet et une démarche bien moins normative que celle qu'il a fini par donner à sa production. Pareil basculement identitaire, à travers un recentrage sur des problématiques françaises, après un séjour de plusieurs années au Caire, apparaît comme une énigme. Ses collègues y voient, parfois un peu rapidement, une volonté d'attirer la lumière. Cette dérive révèle en réalité d'évidents soubassements théoriques.

LE TRIO QU'IL FORME AVEC GILLES KEPEL ET HUGO MICHERON SUSCITE DES POLÉMIQUES CROISSANTES DANS LES MILIEUX ACADÉMIQUE ET ANTIRACISTE.

Dans *Les Territoires conquis de l'islamisme,* qu'il a dirigé, et de façon plus marquée encore au fil de ses interventions médiatiques, Bernard Rougier développe une grille de lecture centrée sur la dimension idéologique des phénomènes islamistes. Il décrit les modes de diffusion ou de « *contagions complexes* » de ces idéologies à travers les espaces urbains français (et belges dans un chapitre de l'ouvrage). Forgeant la notion d'« *écosystèmes islamistes* », il s'inscrit dans le sillage de Gilles Kepel, son aîné, flamboyant chercheur médiatique avec lequel il organise divers séminaires et signe des tribunes qui ont grandement contribué à polariser le champ de la recherche sur l'islamisme.

En 2015, dans le contexte des attentats, Gilles Kepel avait placé au cœur de ses exposés médiatiques le rôle des acteurs religieux, salafistes en particulier, dans la « *radicalisation* » terroriste. Mettant l'accent sur les mosquées et les imams et établissant une continuité entre idéologie religieuse et violence politique, il minimisait la centralité des phénomènes de ruptures sociologiques relevés par les autres chercheurs afin d'expliquer le parcours des djihadistes européens : délinquance, fragilités familiales, mimétisme entre pairs ou au sein d'une fratrie, logiques sectaires et spécificités liées aux réseaux sociaux[9]. Ce faisant, il avait nourri un débat très vif que l'historienne Leyla Dakhli avait alors décrit dans les pages du *Crieur* comme un « *sport de combat* » entre quelques figures universitaires françaises, incluant aussi Olivier Roy, Farhad Khosrokhavar et François Burgat[10].

Au duo Kepel-Rougier s'est adjoint en 2020 un jeune chercheur, Hugo Micheron, qui a récemment publié sa thèse de science politique sur l'émergence du djihadisme français[11] et signe un chapitre des *Territoires conquis de l'islamisme*. Le trio, aisément mobilisable par les médias et les institutions, suscite une controverse croissante, dans le champ académique comme parmi les militants antiracistes. Depuis trente ans, Gilles Kepel publie avec régularité des essais traitant des enjeux géopolitiques et de l'islamisme. *Le Prophète et la pandémie* (2021) comme *Sortir du chaos* (2018) ont bénéficié d'une exceptionnelle couverture presse, la photo de l'auteur se voyant même placardée dans les rues des grandes villes à l'initiative de son éditeur Gallimard puis de l'hebdomadaire *Le Point*. L'un des détracteurs du trio d'universitaires, le chercheur Hamza Esmili, décrit ce groupe comme formé de « *nouveaux faussaires* » dont les travaux confirment « *par leur autorité professorale une parole par ailleurs disponible dans l'espace public*[12] ».

En quête des « *écosystèmes islamistes* »

Par ses interventions, Bernard Rougier met à jour et précise l'approche construite par Gilles Kepel il y a près d'une décennie dans son étude sur la Seine Saint-Denis[13], financée par l'Institut Montaigne, *think tank* libéral qui a durablement influencé Emmanuel Macron. *Les Territoires conquis de l'islamisme* font également écho aux pamphlets qui inondent régulièrement les tables de libraires tel celui du député du Val d'Oise et ancien maire de Sarcelles, François Pupponi, auteur en 2020 de *Les Émirats de la République. Comment les islamistes prennent possession de la banlieue*. À ces thèses, parallèlement relayées par les hebdomadaires mais aussi par les forums d'extrême droite, tels Fdesouche ou Riposte laïque, Bernard Rougier entend apporter un nouveau crédit, celui de l'enquête dite « de terrain », en l'espèce financée par la Région Île-de-France et portée par une équipe qu'il décrit lui-même comme formée « *d'étudiants issus des quartiers concernés et hostiles à l'islamisme* » ou « *dans leur majorité, [...] des Français d'origine maghrébine ou subsaharienne* ». Dans les médias et les ministères, il apporte aussi, grâce à son physique avenant et à sa timidité apparente, une austérité apaisante qui présente tous les signes de l'objectivité scientifique.

LA LUTTE CONTRE L'ISLAMOPHOBIE SERAIT COUPABLE DE FAVORISER DU RESSENTIMENT ET DE LA VIOLENCE.

Son discours est manifestement d'un goût rassurant pour les élites et les institutions. Face à l'islamisme, affirme-t-il en effet, ces dernières ne portent aucune responsabilité directe. Elles pèchent tout au plus par omission ou par manque de fermeté. Exit donc les effets des opérations militaires à l'étranger, de la répression policière, des discriminations raciales ou des inégalités sociales. Chercher à comprendre la place des politiques publiques dans les phénomènes de «*radicalisation*» reviendrait, à en croire le chercheur, à alimenter une dangereuse logique de «*victimisation*». Pareille approche n'est pas sans rappeler la fameuse sentence de Manuel Valls qui, en janvier 2016, alors Premier ministre, affirmait à propos de la radicalisation islamiste qu'«*expliquer, c'est déjà un peu excuser*». La négation même du travail sociologique.

Comme l'indique le titre de son livre, l'analyse de Bernard Rougier souligne en particulier la capacité d'un discours religieux offensif à pénétrer de nombreux territoires et à fragiliser ce qu'il appelle «*les valeurs constitutives du pacte social*» français. Certes, quand il s'exprime, l'auteur consent parfois quelques concessions. «*Évidemment les entrepreneurs islamistes exploitent les blocages sociaux et économiques, les frustrations et les discriminations quand elles existent, pour enrôler les jeunes issus de l'immigration dans leur projet idéologique*», remarque-t-il par exemple au cours de son dialogue avec Gérald Darmanin publié par le *Figaro Magazine*. Mais le cœur de son argumentation consiste à décrire «*l'essor de l'islam radical*» comme «*un phénomène idéologique davantage que social*», ainsi que le constatent les journalistes Claire Chartier et Thomas Mahler dans le dossier que *L'Express* consacre à l'universitaire le 21 janvier 2021.

Dès lors, le travail de Bernard Rougier cherche à identifier, au sein des territoires urbains dits «*sensibles*», ce qu'il appelle des «*enclaves militantes à tonalité islamiste*»: écoles, mosquées, clubs de sport, librairies, sandwicheries, etc. Parallèlement à ces acteurs, son ouvrage, dans un chapitre rédigé sous pseudonyme, dénonce de façon explicite un prétendu «*continuum*» entre un mouvement dit «*décolonial*», c'est-à-dire antiraciste, et le «*discours salafo-fériste*» islamiste.

La lutte contre l'islamophobie elle-même serait coupable de favoriser du ressentiment et de la violence. Afin d'étayer l'accusation, Bernard Rougier recourt de façon répétée, y compris devant une commission d'enquête sénatoriale en décembre 2019, à l'exemple du téléphone d'Abdelhamid Abaaoud, l'un des accusés de l'attentat du Bataclan, auquel il a eu accès. Dans la mémoire de l'appareil, il aurait trouvé des affiches du Collectif contre l'islamophobie en France (CCIF), preuve selon lui d'une collusion coupable. Il légitime ainsi la défiance policière à l'égard de la lutte antiraciste, la transformant en complice de la violence djihadiste selon la logique implacable du «qui vole un œuf, vole un bœuf». Cette lecture n'est pas neutre: c'est avec ce type d'«arguments» que le ministère de l'Intérieur défendit, fin 2020, sa décision de dissoudre le CCIF.

LES TERRITOIRES CONQUIS DE L'ISLAMISME, UN TITRE QUI RENVOIE À LA CONQUÊTE MUSULMANE DES VIIe ET VIIIe SIÈCLES ET SUGGÈRE UNE STRATÉGIE DE DOMINATION PAR LA VIOLENCE.

Les discours sur les identités, notamment la valorisation de l'héritage musulman, portés par certains militants dits « *décoloniaux* », notamment issus du mouvement des Indigènes de la République, expliqueraient la propre défiance de Bernard Rougier à l'égard de ce qu'il désigne comme l'« *islamogauchisme* ». Cette logique le conduira à signer la « *pétition des cent* », aux côtés de Gilles Kepel mais aussi Marcel Gauchet, Laurent Bouvet et Pierre Nora, suite à l'assassinat de l'enseignant Samuel Paty en octobre 2020. Cette pétition demandait la constitution d'une instance de contrôle des « *dérives islamistes au sein de l'Université* » et pointait du doigt « *la responsabilité, dans la situation actuelle, d'idéologies qui ont pris naissance et se diffusent dans l'Université et au-delà* »[14]. Cette démarche viendra justifier quelques mois plus tard une hallucinante intervention médiatique de Frédérique Vidal, ministre de l'Enseignement supérieur et de la Recherche, demandant au CNRS de mettre en place une enquête sur l'« *islamogauchisme* » dans l'université. Elle recevra alors une humiliante fin de non-recevoir du CNRS titrée « *"L'islamogauchisme" n'est pas une réalité scientifique* ».

Une recherche sérieuse ?

Mais, au-delà de cet enjeu ouvert à diverses interprétations et au débat, la scientificité du travail dirigé par Bernard Rougier est contestée et contestable. En 2020, la publication de son ouvrage collectif donne lieu à plusieurs comptes rendus critiques d'universitaires dont Vincent Geisser et Haoues Seniguer[15], ainsi que Laurent Bonelli et Fabien Carrié[16], qui relèvent de nombreuses failles méthodologiques et soulignent le sensationnalisme de sa démarche. Dans une tribune publiée sur les blogs de Mediapart, une trentaine de spécialistes de renom, travaillant « *directement ou indirectement sur l'islam en France, en Europe et même au-delà* » dénoncent quant à eux l'« *image distordue* » donnée par Bernard Rougier[17].

Détail significatif, le titre de l'ouvrage collectif *Les Territoires conquis de l'islamisme* est un clin d'œil explicite au pamphlet *Les Territoires perdus de la République* publié en 2002. Immédiatement polémique, celui-ci a connu une certaine postérité au sein des milieux conservateurs, du Printemps républicain (mouvement auquel Gilles Kepel a contribué lors de sa réunion de lancement en mars 2013) jusqu'aux franges les plus reculées de l'extrême droite. L'ouvrage, rédigé par des enseignants du secondaire dénonçait alors ce qui était identifié comme un problème musulman et maghrébin spécifique, relatif à la diffusion de discours présentés comme antirépublicains et antisémites en France. Mais quand le qualificatif « *perdu* » signale une forme de passivité, le registre de la conquête du titre de Bernard Rougier charrie avec lui un imaginaire tout autre. Il renvoie explicitement à la conquête musulmane des VIIe et VIIIe siècles et suggère une stratégie de domination par la violence.

Ce titre, assumé par un éditeur dit scientifique, les Presses universitaires de France (PUF), n'est pas fortuit. La grille de lecture qu'il privilégie confine parfois à un complotisme à rebours : la coordination entre des individus, associations, entreprises, militants différents produirait une réalité politique, « *une machine à détruire la France* » comme Bernard Rougier l'affirme dans l'hebdomadaire *Marianne* en janvier 2020. Selon son interprétation, cette myriade d'« acteurs » est en outre manipulée par l'étranger, financée par des mécanismes occultes et habitée par le ressentiment. Grâce à la « *très grande plasticité tactique*[18] » de son idéologie, cette nébuleuse serait caractérisée par une étonnante capacité d'adaptation. Un ennemi aussi redoutable que sournois, donc.

CETTE ANALYSE CONTREVIENT AUX RÈGLES FONDAMENTALES DE LA RECHERCHE SCIENTIFIQUE.

Passant au crible les trajectoires et les prises de position des acteurs locaux, du responsable d'une mosquée au client d'une librairie islamique, Bernard Rougier cherche à identifier les doubles discours engendrés par ce qu'il qualifie d'« *écosystème islamiste* » et Gilles Kepel de « *djihadisme d'atmosphère* ». Là où cet état de fait pourrait être appréhendé comme un effet d'accumulation désordonné, il est systématiquement présenté comme le fruit d'actions coordonnées, concertées, liées à une forme de conspiration ourdie depuis l'étranger. Mais cette mise en cohérence des phénomènes conduit notamment à gommer les dissensions profondes qui existent au sein même des différents mouvements islamistes, entre Frères musulmans et salafistes en particulier. Elle empêche en outre, au-delà d'une interprétation tautologique, de comprendre pourquoi, et dans quels contextes, l'« offre » idéologique islamiste peut rencontrer une « demande » dans certains milieux sociaux.

L'ambition de Bernard Rougier, comme de Gilles Kepel, est donc de procéder au dévoilement des intentions des acteurs musulmans. Cette quête se produit souvent au mépris de l'éthique de la recherche mais aussi d'une réflexion sociologique sur les propos tenus par celles et ceux qui sont étudiés. Elle néglige par exemple la capacité des individus, notamment quand les données ont été récoltées en prison, à mettre en cohérence de façon artificielle et rétrospective leur propre trajectoire, en en effaçant les ruptures au profit des continuités et en se conformant parfois aux attentes et aux représentations des chercheurs venus les interroger.

Le discours sur la « *conquête* » islamiste est proprement catastrophiste. Se prévalant d'une forme de lucidité et d'« *objectivité* » face à ceux que Rougier, Kepel et Micheron qualifient de « *dénégationnistes*[19] », il souffre pourtant de ne jamais être réellement mesuré, chiffré ou comparé, rompant alors fréquemment avec une démarche scientifique. Si certaines pages du livre de Bernard Rougier possèdent une indéniable valeur documentaire, telles celles qui analysent les débats internes au mouvement salafiste, et rappellent ce qu'a été la qualité de ses travaux antérieurs, des phénomènes sont ailleurs montés en épingle. Au fil des chapitres et des interventions médiatiques, des anecdotes sont érigées en généralités, des noms d'individus, de territoires (Mantes-la-Jolie, le Val-de-Marne ou Toulouse), de commerces (la librairie *al-Bayyinah* d'Argenteuil ou les boucheries d'Aubervilliers) ou d'associations sont livrés en pâture sans aucune contextualisation – au risque de transformer les chercheurs en « indics » des services de police.

Dans ses ajouts à la seconde édition, Bernard Rougier entend par exemple illustrer la puissance de la déferlante islamiste et ses effets politiques. Il cite alors « *un fidèle* » d'une mosquée expliquant que le maire de Goussainville, victorieux des élections municipales de 2020, a bénéficié de sa réputation de « fiché S » : les électeurs, affirme ce témoin anonyme, auraient pour cette raison vu le candidat « *comme une personne qui œuvre pour le bien de la communauté* ». Après avoir diffusé une identique accusation diffamatoire au sujet de l'édile de cette commune des Yvelines, Abdelaziz Hamida, l'hebdomadaire *L'Express* a été condamné en mars 2021 à lui verser mille euros de dommages et intérêts.

QUE DIRAIT-ON D'UNE RECHERCHE SUR L'EXTRÊME DROITE DANS LE PAS-DE-CALAIS QUI NE CITERAIT PAS STEEVE BRIOIS ?

L'obsession de la dénonciation des « *écosystèmes islamistes* », sorte de notion attrape-tout, conduit parfois à détourner le regard des acteurs qui structurent effectivement les mobilisations islamistes violentes, mettant en avant les « complices » supposés davantage que les « coupables ». L'analyse perd dès lors l'opérabilité qu'elle revendique. Par exemple, tout occupés qu'ils sont à défendre leur modèle, et à l'étendre au quartier bruxellois de Molenbeek, Bernard Rougier et son équipe pointent du doigt les liens effectivement tissés depuis des années entre la municipalité de gauche et certaines mosquées conservatrices, dont la mosquée al-Khalil. Ce faisant, ils ignorent superbement certains des acteurs qui, dans cet espace, ont pourtant été particulièrement impliqués dans les trajectoires radicales.

Ainsi, l'absence dans l'ouvrage de l'organisation Sharia4Belgium, au cœur d'un procès retentissant en 2014 et principal pourvoyeur de combattants belges en Syrie depuis son fief de Molenbeek, ne peut que surprendre. Est-ce par méconnaissance du terrain que ce mouvement (et son leader Fouad Belkacem) n'apparaît à aucun moment, ou bien parce que ses activités, en rupture évidente avec le champ islamique local, n'entrent tout simplement pas dans une grille analytique centrée sur un continuum entre « *islamisme de prédication* » et « *engagement djihadiste violent* » ? Que dirait-on d'une recherche sur les transformations de l'extrême droite dans le Pas-de-Calais qui à aucun moment ne mentionnerait le Rassemblement national et Steeve Briois, ou d'une histoire de la musique baroque allemande qui jamais n'évoquerait la dynastie Bach, même en filigrane ?

L'argumentation est viciée par une capacité certaine à déformer la réalité, à la tordre en sorte de la faire entrer dans son cadre d'analyse. Invité le 26 janvier 2021 des « Matins » de France Culture, Bernard Rougier est interrogé sur les liens entre islamisme et banditisme en France. Il affirme l'existence d'une collusion entre les imams des mosquées et les dealers de cannabis : « *Ayant entendu énormément de prêches dans la banlieue parisienne, je n'ai pas vu, sauf erreur de ma part, un imam condamner le trafic de drogue, comme s'il y avait aussi des hiérarchies dont ils devaient tenir compte pour leur propre sécurité*[20]. » Pourtant, une recherche rapide avec deux mots clés comme « cannabis » et « islam » permet de trouver sur YouTube un grand nombre de vidéos qui, traitant sans équivoque de ce sujet, condamnent la drogue et son trafic en contexte européen. Deux d'entre elles, visionnées chacune plusieurs centaines de milliers de fois, ont été tournées par des prêcheurs français (par ailleurs mentionnés dans l'ouvrage de Bernard Rougier) ayant eu maille à partir avec les autorités pour cause de proximité avec le mouvement salafi : Nader Abou Anas[21] et Rachid Eljay (anciennement connu sous le nom de Rachid Abou Houdeyfa)[22]. Les approximations de cet ordre sont légion, témoignant d'une méthodologie contestable.

Loin des canons du genre

Car la grille de lecture que porte Bernard Rougier, comme celle de Gilles Kepel, ne peut prospérer que parce qu'elle contrevient aux principes dominants des sciences sociales contemporaines, s'appuyant notamment sur la faiblesse de la culture scientifique au sein des médias, des institutions et du grand public. Voir cette approche érigée en recherche « exemplaire » dans la bouche d'élus ou de journalistes justifie sans doute ici un effort particulier de pédagogie afin d'expliquer ce qui fonde l'enquête sociologique et l'encadre, notamment en termes éthiques.

DES CHERCHEURS SOUS PSEUDONYMES DÉVOILENT L'IDENTITÉ DE LEURS SOURCES.

Incapable de produire un état de l'art honnête, c'est-à-dire de rendre compte des publications et débats qui ont précédé son travail, alors que cela constitue un prérequis de la démarche scientifique, l'ouvrage dirigé par Bernard Rougier adopte une approche bien particulière de son insertion dans le champ académique. Bien des collègues, tels Mohamed Ali-Adraoui, Leyla Arslan, Margot Dazey, Solenne Jouanneau ou Elyamine Settoul, qui ont abordé avec sérieux les problématiques traitées dans *Les Territoires conquis de l'islamisme,* se voient tout bonnement ignorés. Leur faute apparente : développer une approche différente de celle qui structure l'ouvrage. Ce manquement à une règle élémentaire, qui n'est pas seulement décorative, rend quelque peu aberrantes les accusations de Bernard Rougier adressées à ses « concurrents » de produire une recherche « idéologique ». C'est justement un biais proprement politique qui amène celui-ci à faire comme si leurs publications, fondées sur un travail de terrain minutieux, n'existaient pas.

Par ailleurs, l'ouvrage qui sert de support à la démarche de Bernard Rougier pratique une anonymisation sélective, à rebours des usages dominants en sciences sociales. En effet, une partie importante des contributeurs écrivent sous pseudonyme et se protègent, quand ceux qui sont l'objet de leurs recherches peuvent voir leur nom diffamé sans ménagement. La méthode de travail légitime également une forme d'infiltration dans laquelle les intentions de l'enquêteur demeurent cachées jusqu'à la publication. Un responsable d'une mosquée d'Île-de-France mentionnée dans un chapitre nous explique ainsi avoir un moment sympathisé avec un jeune homme, lui livrant des éléments sur sa trajectoire personnelle et sa vie privée, avant de découvrir, à la lecture du chapitre consacré à sa ville, les raisons de sa présence.

Par conséquent, la méthode défendue par Bernard Rougier aurait bien du mal à obtenir une validation par les comités éthiques, appelés en anglais Institutional review boards (IRB), qui se développent dans les universités, exigeant notamment la transparence de la démarche scientifique. Par leurs expertises, ces comités imposent un cadre juridique à la recherche et lui permettent notamment de se distinguer du journalisme et de l'expertise, mais aussi d'assurer la réfutabilité des analyses – critère central de l'épistémologie. Enfin, le travail de Bernard Rougier ne se soumet pas non plus aux usages de l'évaluation par les pairs, c'est-à-dire à l'appréciation des collègues qui permet, avant publication et « à l'aveugle », d'éviter bien des pièges et de discuter les apports scientifiques d'une enquête. Publié hors collection, *Les Territoires conquis de l'islamisme* appartient à un autre registre, en dépit de la réputation de sérieux de son prestigieux éditeur, les PUF.

Le rejet de ces usages scientifiques constitue une entrée en matière très problématique pour les étudiants qui ont été associés à l'entreprise de Bernard Rougier. Ces jeunes chercheurs ont été mobilisés comme « sous-traitants » afin de mener l'enquête dans des « *quartiers* » où Rougier lui-même affirme ne pas pouvoir travailler, en raison de son âge, de son statut et de ses origines. Ils servent ainsi implicitement à montrer que ces territoires ont été « *conquis* » par des forces hostiles et sont devenus impénétrables par les représentants de la France légitime (au premier rang desquels, donc, les scientifiques blancs de plus de cinquante ans). Implicite fort contestable, comme le démontrent par exemple la recherche menée par Fabien Truong sur l'entourage et la trajectoire d'Amedy Coulibaly, l'un des auteurs des attentats de janvier 2015[23], ou celle récemment produite par Éric Marlière[24].

Les étudiants ayant recours à l'anonymat – pour des raisons de sécurité ? –, ne pourront pas valoriser leur travail dans leurs futures carrières universitaires. Alors que le champ académique souffre d'une grave pénurie de postes et que les publications sont un critère central de sélection, ils se trouveront en quelque sorte handicapés par ce choix. Ensuite, cette stratégie occulte l'exploitation des données de terrain par un professeur senior, et fait passer pour normale, aux yeux du grand public et des étudiants, une pratique mandarinale qui vampirise le travail des chercheurs subalternes.

La démarche de Bernard Rougier rappelle celle des journalistes du *Monde* Gérard Davet et Fabrice Lhomme qui, en 2018, avaient sous-traité le travail d'enquête en Seine-Saint-Denis destiné à nourrir leur ouvrage à sensation *Inch'allah : l'islamisation à visage découvert*. Dans un documentaire diffusé à la télévision lors de la sortie du livre, ceux-ci mettaient en scène leur propre implication dans la formation de cinq étudiants du Centre de formation des journalistes (CFJ)[25]. Après les avoir envoyés « sur le terrain » glaner les informations nécessaires à leur démonstration, les deux « grands reporters » du *Monde* étaient filmés en train de donner des cours d'investigation journalistique, balayant les doutes des étudiants et accentuant la dimension sensationnaliste du propos.

Considérant les raccourcis empruntés par Bernard Rougier lors de la promotion de son ouvrage, certains de ses « étudiants » ont pu constater que leur recherche était finalement réduite à quelques slogans, immédiatement recyclés par les franges les plus conservatrices de la scène politique. Dégoûté par ce discours promotionnel, qu'il juge « *clairement islamophobe* », l'un des participants associés à la démarche de recherche initiale nous explique ainsi avoir préféré se détourner définitivement de cet objet de recherche.

Parfois jetées en pâture dans les médias, plusieurs personnes mises en cause dans le livre de Bernard Rougier ont décidé de contester publiquement ce travail[26]. Car la stigmatisation dont elles font l'objet dans *Les Territoires conquis de l'islamisme* n'est pas sans effet sur leur réputation comme sur le plan policier et judiciaire. Hâtivement qualifiés d'« *islamistes* » ou de « *salafistes* », certains binationaux risquent en effet d'être inquiétés, en France comme dans leur pays d'origine. Ciblée, une militante associative s'en est ouverte directement à Bernard Rougier après la publication de l'ouvrage. Selon le récit qu'elle nous en donne, l'universitaire aurait, oralement, annoncé qu'il prendrait en considération ses craintes dans la nouvelle édition, et accepté de retirer son nom – sans toutefois tenir sa promesse.

De façon significative, au moins trois plaintes en diffamation contre Bernard Rougier ont été déposées en 2020 à la 17e chambre du tribunal judiciaire de Paris. Aucun des plaignants, de profils différents mais qui sont tous cités nommément dans l'ouvrage, n'avait en avril 2021 reçu de convocation en vue d'une audience.

L'argument de la minorité : les « clairvoyants » exclus de l'université

Bernard Rougier, comme Gilles Kepel avant lui, tire de sa progressive marginalisation dans le champ scientifique un argument d'autorité : ce serait leur clairvoyance qui expliquerait les critiques auxquelles les deux hommes sont confrontés dans un milieu professionnel qu'ils disent gangrené par l'« *islamogauchisme* ». Affirmant être soumis à un chantage à l'« *islamophobie* » – concept dénué selon eux de pertinence –, ils seraient dès lors contraints de prendre à témoin tant le « grand public » que les institutions. D'après Bernard Rougier, les accusations d'islamophobie serviraient à « *intimider ceux qui, de plus en plus rares, tentent de rattraper le temps perdu en reconstituant un savoir objectif*[27] ». Lors de son entretien à *L'Express* en janvier 2021, il s'attribue le statut de résistant : « *Dans le monde académique, nous nous sentons quand même très isolés du fait de la poussée indigéniste. Au regard de la puissance des réseaux décoloniaux et de la chape de plomb du politiquement correct, je ne suis pas certain que mon programme de recherche aurait bénéficié d'un financement au sein de l'Université.* » C'est donc auprès de la Région Île-de-France, présidée par Valérie Pécresse, qu'il a obtenu un soutien.

Cette argumentation laisse cependant songeur venant d'un enseignant-chercheur, professeur des universités, qui bénéficie du statut très enviable de membre senior de l'Institut universitaire de France, qualité qui permet d'obtenir une décharge d'enseignement afin de « *favoriser la recherche de haut niveau* ». Gilles Kepel lui aussi adopte volontiers une posture de paria. Après s'être graduellement brouillé avec une grande partie de ses collègues et anciens étudiants, puis avec la direction de Sciences Po Paris, suite à l'épuisement de sa manne financière du « réseau Euro-Golfe » financé notamment par des multinationales, dont Total, il est parvenu à obtenir en 2016 la création à l'École normale supérieure (ENS) d'une chaire à sa mesure, financée cette fois par le ministère de l'Intérieur. Il a ensuite pu y recruter sa propre équipe sur des postes de fonctionnaires, parfois en tordant le bras d'un comité de sélection qui avait le mauvais goût de ne pas toujours avaliser ses choix.

Avec Bernard Rougier, Gilles Kepel a contribué à polariser à l'excès le champ scientifique français de l'islamisme. Par-delà de réelles divergences scientifiques dont la profondeur et les implications politiques ne sauraient être niées, le temps des invectives entre chercheurs a été notamment inauguré par une tribune des deux universitaires dans *Libération* en mars 2016. Olivier Roy y était l'objet d'une attaque virulente : « *Il est temps d'en finir avec la royale* [sic] *ignorance qui tétanise les esprits et fait le jeu de Daech*[28]. » Bien que l'ambition de ce texte ait été plus large, visant à dénoncer la supposée marginalisation des connaissances sur les idéologies islamistes dans l'Université, c'est une bataille d'égos qui s'y lançait. Chacune des parties s'engagea dès lors dans une bagarre où les coups-bas furent nombreux, comme on le constate dans les Mémoires intellectuels de François Burgat, parus en octobre 2016[29]. Quelques semaines après la fameuse tribune, Olivier Roy en venait pour sa part à qualifier Gilles Kepel de « *Rastignac professionnel de très haut niveau*[30] ». Outre ces enjeux personnels, la quête de ressources financières dans le champ concurrentiel (et très viril !) des chercheurs travaillant sur l'islamisme fut rapidement érigée en enjeu essentiel, se déployant à l'arrière-plan des débats et des noms d'oiseaux.

En effet, décrivant leur courant comme marginalisé au sein de l'Université, Gilles Kepel comme Bernard Rougier, mais aussi par exemple Florence Bergeaud-Blackler, chercheuse au CNRS proche du Printemps républicain[31], allaient dès lors de plus en plus fréquemment défendre sur la place publique la nécessité de soutenir leur approche face à ceux qu'ils entendaient dénoncer, quitte à user de sous-entendus problématiques. En janvier 2021, Bernard Rougier n'hésitait pas, par exemple, à affirmer dans *L'Express*, « *quand j'interrogeais des figures islamistes en Égypte ou au sein du Hamas, ils me demandaient des nouvelles de leur "frère" Burgat* ». Il entretenait là, à dessein, la rumeur infondée de la conversion à l'islam de son collègue François Burgat, voire même de son appartenance aux Frères musulmans. Mais à travers ces coups bas, de façon répétée, c'est bien la soi-disant impossibilité de voir leur approche récompensée par l'institution scientifique qui est rappelée. En 2016, le dépôt par Gilles Kepel, auquel Bernard Rougier était alors associé, d'un projet de recherche auprès du European Research Council, très richement doté, n'a pas abouti. Depuis lors, chacune de leurs interviews s'achève comme un appel aux financements autant qu'une complainte, écho d'une blessure narcissique d'autant plus vive que leurs concurrents directs, Olivier Roy et François Burgat, ont chacun vu leurs projets financés par l'Union européenne.

Le réconfort institutionnel

Face à une situation qu'ils vivent comme une injuste ostracisation, Bernard Rougier et Gilles Kepel se rapprochent des institutions extra-universitaires et s'insèrent dans le champ politique. De François Fillon, alors candidat de la droite à la présidentielle, salué par Gilles Kepel en novembre 2016 pour s'être montré « *très attentif aux traumatismes nés des attentats*[32] », à Gérald Darmanin, ministre de l'Intérieur, dont Bernard Rougier loue le « *courageux* » engagement en faveur des « *valeurs de la République*[33] », le pouvoir se voit aisément flatté. C'est sans doute dorénavant moins un registre scientifique que portent ces chercheurs qu'une démarche politique et idéologique, si ce n'est une ambition carriériste qui les transforme en « intellectuels organiques » des gouvernements successifs.

EMMANUEL MACRON, GÉRALD DARMANIN, VALÉRIE PÉCRESSE AU SECOURS DES « PARIAS » DE L'UNIVERSITÉ.

L'intensification de leurs interactions avec les pouvoirs publics constitue ainsi une évolution sensible de leur travail – plus récente et surprenante chez Bernard Rougier que chez Gilles Kepel. Les efforts en vue de se rapprocher des diverses sphères de pouvoir, qu'elles soient liées aux ministères de l'Intérieur, de la Défense, des Affaires étrangères ou de l'Enseignement supérieur, sont remarquables. Dans les années 2000, Gilles Kepel avait déjà développé un fort tropisme « golfien ». Il s'était alors lié aux grandes multinationales et aux monarchies pétrolières qui, outre de bienvenues bourses octroyées à ses doctorants, finançaient grassement agapes et colloques. L'une de ces rencontres, organisée en 2008 dans un grand hôtel à Venise, avait symbolisé les limites d'une approche « paillettes » de la recherche, jusqu'à lasser la direction de Sciences Po, où il travaillait, comme ses soutiens arabes.

Quand, en 2016, est lancé depuis l'ENS de la rue d'Ulm le séminaire « Violence et dogme : les usages du passé dans l'islamisme contemporain », l'ambition scientifique est marquée. Gilles Kepel et Bernard Rougier se sont liés, afin de l'organiser, avec l'islamologue Mohammad-Ali Amir Moezzi, directeur d'études à l'École pratique des hautes études (EPHE), spécialiste renommé du chiisme. Toutefois, la rencontre scientifique, légitimée par un titre austère qui respire l'hyperspécialisation, semble aussi couvrir une opération de rapprochement avec les « décideurs ». Les ministres Bernard Cazeneuve (à l'Intérieur) et Thierry Mandon (à l'Enseignement supérieur), puis Laurent Nunez, coordonnateur national du Renseignement et de la Lutte contre le terrorisme, y sont successivement invités au cours des cinq années, dévoyant quelque peu la démarche scientifique initialement promise.

Dès lors, entendre le nom de Gilles Kepel cité par Emmanuel Macron lors du débat de l'entre-deux-tours de la présidentielle de 2017 ne doit guère surprendre, tant cela symbolise l'aboutissement d'une logique d'influence fondée notamment sur le dénigrement de ses collègues et de son champ professionnel. Suivant une trajectoire similaire, Bernard Rougier développe lui aussi ses contacts dans le monde politique. Il interagit ainsi directement avec le ministre de l'Intérieur Gérard Collomb, prépare en septembre 2019 son successeur Christophe Castaner avant une émission politique hebdomadaire de France 2, et participe au même moment, à la demande de la place Beauvau, à la formation des préfets et des agents de renseignement. Après avoir contribué, avec son livre et ses interventions médiatiques, à forger la réponse gouvernementale à l'islamisme violent, il est successivement auditionné à l'Assemblée nationale et au Sénat en janvier et février 2021, dans le cadre de la préparation de la loi « *confortant le respect des principes de la République* », plus connue sous le nom de « *loi contre le séparatisme* ».

Début 2021, au moment du débat médiatique sur l'« *islamogauchisme* » lancé par le gouvernement à l'invitation de l'extrême droite et de quelques universitaires, dont Gilles Kepel et Bernard Rougier, Gérald Darmanin prend publiquement la défense des opprimés : « *Je connais des chercheurs avec lesquels on a travaillé, Bernard Rougier ou Gilles Kepel par exemple, qui expliquent très bien comme l'université française parfois les considère comme pas bienvenus*[34]. » Valérie Pécresse, présidente de la Région Île-de-France, avait, quelques semaines plus tôt, eu recours dans *Le Point* à des éléments de langage similaires : « *À la Région, nous soutenons les recherches sur l'islamisme que nous considérons comme un "domaine d'intérêt majeur". Sans nous, Bernard Rougier, Gilles Kepel, Hugo Micheron ne trouveraient pas les moyens pour financer leurs travaux*[35]. » Quand on connaît les succès

UNE POSTURE BIEN CONNUE : SE PRÉSENTER COMME VICTIMES DE L'« OSTRACISATION » ORGANISÉE PAR CEUX QUE DÉRANGERAIENT LES « VÉRITÉS GÊNANTES » QUE L'ON PRÉTEND DÉVOILER.

éditoriaux de Gilles Kepel et de Bernard Rougier, dont les ventes en librairie dégagent des revenus substantiels – fait rare dans le milieu universitaire –, l'argumentation n'est sans doute pas des plus pertinentes, d'autant plus que l'un comme l'autre sont fonctionnaires, payés par le contribuable pour enseigner mais aussi mener des recherches. Ainsi Gilles Kepel a-t-il vendu près de 100 000 exemplaires de *Terreur dans l'Hexagone* (2015), quand la première édition de l'ouvrage dirigé par Bernard Rougier approche les 25 000 exemplaires.

La volonté de ces chercheurs de rendre compte des « *écosystèmes islamistes* » en France évolue en parallèle avec un discours politique d'extrême droite qui se nourrit de références ouvertement islamophobes. Ces deux registres, bien que de nature évidemment différente, exploitent des procédés narratifs similaires : ils se présentent comme victimes de l'« ostracisation » organisée par ceux que dérangeraient les « vérités gênantes » qu'ils prétendent dévoiler. De ce prétendu « discours de vérité » sur l'islam, certains entendent tirer des enseignements politiques et électoraux. Sur un site de vente en ligne, le commentaire sentencieux d'un lecteur des *Territoires conquis de l'islamisme* ne disait pas autre chose : « *À lire absolument avant d'aller voter. Voilà ce qu'est devenue la France.* »

Des institutions qui ne sont pas (toujours) dupes

Toutefois, il est intéressant de constater que cette politisation du discours à vocation scientifique rencontre diverses résistances, y compris parfois au sein des milieux directement intéressés aux enjeux décrits par Bernard Rougier et ses collègues : policiers, diplomates, préfets, maires, militaires et autres.

Les failles méthodologiques mais aussi analytiques que nous venons d'évoquer suscitent dans certains cas plus de méfiance que l'on ne pourrait le penser chez les praticiens de la sécurité et du renseignement. Aux premières loges, ils ne sont pas dupes. Plutôt que des discours idéologiques, souvent binaires, mécaniques ou égotiques, qui saturent l'espace universitaire, les professionnels de la lutte contre le terrorisme sont demandeurs de données factuelles et d'analyses opérationnelles. L'élargissement de la focale sur les « *écosystèmes islamistes* » et autre « *djihad d'atmosphère* » sont à leurs yeux d'une bien faible utilité : ce discours à vocation médiatique a même tendance à parasiter leur travail en ensevelissant les véritables acteurs djihadistes sous une insaisissable « nébuleuse islamiste » et en détournant l'attention vers de brumeuses « complicités idéologiques ». Ainsi pourrait s'expliquer la fraîcheur avec laquelle certains fonctionnaires des services de renseignement ont accueilli la parution des *Territoires conquis de l'islamisme*. Un différend a même

« *J'AI REÇU MONSIEUR ROUGIER ET JE LUI AI DIT QUE JE DÉSAPPROUVAIS CE QU'IL AVAIT ÉCRIT.* » (JEAN-JACQUES BROT, PRÉFET DES YVELINES)

été porté sur la place publique par le préfet des Yvelines, Jean-Jacques Brot, affirmant dans *L'Express* : « *J'ai reçu monsieur Rougier et je lui ai dit que je désapprouvais ce qu'il avait écrit. Il a envoyé un stagiaire pendant trois jours espionner la bibliothèque de la mosquée de Mantes-la-Jolie alors qu'elle s'inscrit parfaitement dans le dialogue voulu par les pouvoirs publics*[36]. »

Les critiques du préfet rejoignent celles de plusieurs personnes stigmatisées dans l'ouvrage. Ainsi de ce libraire musulman de la région parisienne qui s'étonne : « *Nous sommes dans le livre présentés comme une librairie dangereuse et pourtant il n'y a pas de conséquences tangibles à ce portrait, pas de fermeture ordonnée par exemple. C'est comme si, au niveau des renseignements ou des préfectures, il y avait l'idée que cette recherche n'a qu'une vocation politique, et est donc bidonnée.* » Le responsable d'un lieu de culte bénéficiant d'une assise locale ancienne, mobilisé épisodiquement par le ministère de la Justice, explique qu'il a su défendre sa mosquée face aux accusations portées dans le livre. « *Les grands acteurs institutionnels nous connaissent*, nous confie-t-il. *Mais ce n'est sans doute pas le cas des associations plus jeunes, moins insérées dans le tissu de leur ville.* »

Cette résistance de terrain, qui s'observe également chez les diplomates, a certes quelque chose de rassurant. Toutefois, face aux coups de boutoir d'une recherche qui se bâtit et se projette à l'interface avec le pouvoir politique, nourrissant les réflexes xénophobes de certains médias et du public, les digues demeurent fragiles. Dans ce contexte, Bernard Rougier comme Gilles Kepel ont activement contribué à dégrader le discours scientifique, préparant une campagne présidentielle au cours de laquelle les enjeux identitaires, en particulier la focalisation obsessionnelle sur l'islam, permettront d'occulter les grandes questions contemporaines, économiques, sociales et environnementales.

1. B. Rougier (dir.), *Les Territoires conquis de l'islamisme*, PUF, Paris, 2020.

2. Voir notamment les très pertinents ouvrages : B. Rougier, *Le Jihad au quotidien*, PUF, Paris, 2004 et B. Rougier et S. Lacroix (dir.), *L'Égypte en révolutions*, PUF, Paris, 2015.

3. H. Mathoux, « Bernard Rougier : "L'islamisme est une machine à détruire la France" », 14 janvier 2020.

4. « Un livre choc dénonce la "prise de contrôle" de certains quartiers par l'islam », *Valeurs actuelles*, 2 janvier 2020.

5. M. Mohammed et A. Hajjat, *Islamophobie. Comment les élites françaises fabriquent le « problème musulman »*, La Découverte, Paris, 2016, p. 116.

6. L. Dupond et T. Mahler, « Islamisme : Bernard Rougier, l'éminence grise de l'exécutif », *L'Express*, 20 janvier 2021.

7. C. Meeus et A. Devecchio, « Peut-on encore vaincre l'islamisme ? », *Le Figaro Magazine*, 29 janvier 2021.

8. « Vous avez la parole », France 2, 11 février 2021.

9. V. Geisser, « Gilles Kepel hanté par l'islamisation de la France », Orient XXI, 15 janvier 2016.

10. L. Dakhli, « L'islamologie est un sport de combat. De Gilles Kepel à Olivier Roy, l'univers impitoyable des experts de l'islam », *Le Crieur*, n° 3, 2016.

11. H. Micheron, *Le Jihadisme français. Quartiers, Syrie, prisons*, Gallimard, Paris, 2020.

12. H. Esmili, « Les nouveaux faussaires : le Maître, l'Établi et l'Aspirant », *Contretemps*, 6 juin 2020.

13. G. Kepel, *Quatre-vingt treize*, Gallimard, Paris, 2014.

14. « Une centaine d'universitaires alertent : "Sur l'islamisme, ce qui nous menace, c'est la persistance du déni" », *Le Monde*, 31 octobre 2020.

15. V. Geisser et H.Seniguer, « L'islamisme en nos banlieues ? », *La Vie des idées*, 9 avril 2020.

16. L. Bonelli et F. Carrié, « Fausses évidences sur le djihadisme », *Le Monde diplomatique*, mars 2020.

17. « Islam : reconquérir les territoires de la raison », blog de Mediapart, 19 février 2020.

18. B. Rougier, « Introduction », *Les Territoires conquis…*, *op. cit.*

19. H. Micheron, B. Rougier et G. Kepel, « Les dénégationnistes du jihad », *Libération*, 21 décembre 2018.

20. « L'invité(e) des Matins », France Culture, 26 janvier 2021.

21. « Alcool & drogues - Nader Abou Anas » (<www.youtube.com/watch?v=Vgb2iqF08QY&t=415s >).

22. « Les vendeurs et consommateurs de drogues » (<www.youtube.com/watch?v=uZrhhp4eIM8 >).

23. F. Truong, *Loyautés radicales. L'islam et les « mauvais garçons » de la Nation*, La Découverte, Paris, 2017.

24. É. Marlière, *La Fabrique sociale de la radicalisation : une contre-enquête sociologique*, Berger-Levrault, Boulogne-Billancourt, 2021.

25. « La plume dans la plaie », LCP, 2018.

26. W. Mohamed, « "Si on reste dans notre coin, on nous accuse d'être radicalisés. Si on est avenant, c'est de la taqiyya." Thomas Sibille de la librairie Bayyinah d'Argenteuil », Ehko, 3 octobre 2020.

27. B. Rougier, « Introduction », *Les Territoires conquis de l'islamisme*, *op.cit.*

28. G. Kepel et B. Rougier, « "Radicalisations" et "islamophobie" : le roi est nu », Libération, 14 mars 2016.

29. F. Burgat, *Comprendre l'islam politique. Une trajectoire de recherche sur l'altérité islamiste (1973-2016)*, La Découverte, Paris, 2016.

30. M. Lemonnier, « Djihadisme : Olivier Roy répond à Gilles Kepel », *L'Obs*, 6 avril 2016.

31. F. Bergeaud-Blackler, « Comment les islamistes ont réussi à noyauter la pensée universitaire sur… l'islamisme », Atlantico, 20 octobre 2020.

32. « Kepel : "La gauche a largement perdu le vote musulman" », Talk Le Figaro, 29 novembre 2016.

33. *Le Figaro Magazine*, *art. cit.*

34. S. Zappi, M. Darame, O. Faye et S. Le Nevé, « "Islamogauchisme" : Frédérique Vidal suscite un tollé dans le monde universitaire et un malaise au sein de la majorité », *Le Monde*, 18 février 2021.

35. J. Cordelier, « Valérie Pécresse : "Cette tragédie abjecte doit être un électrochoc salutaire !" », *Le Point*, 17 octobre 2020.

36. L. Dupond, E. Girard et T. Malher, « Yvelines : enquête sur ce préfet qui prône le dialogue avec l'islam rigoriste », *L'Express*, 25 février 2021.

30 € • 1 AN • 2 NUMÉROS

REVUE DU CRIEUR
BULLETIN D'ABONNEMENT

Je m'abonne pour 1 an (2 numéros papier)
à la REVUE DU CRIEUR à partir du numéro .....

Et j'accède aux archives numériques de la revue sur Cairn.info pendant cette période (avantage réservé exclusivement aux particuliers).

Nom* ....
Prénom* ....
Établissement* ....
Adresse *..
....
Code postal* .... Ville* ....
Pays* ....
E-mail ....
Tél. .... *mentions obligatoires

• Tarifs

☐ France 30 €* ☐ Reste du monde 36 €*

* Prix en vigueur à compter du 15 juillet 2021, frais de ports et TVA compris.

Ci-joint mon règlement :

☐ Chèque libellé à l'ordre de : **Cairn.info**

☐ Mandat-lettre

☐ Carte bancaire (Carte bleue, Visa et Master-Eurocard uniquement) :

Numéro de carte :

Date de validité : Signature :

Votre commande ne vous sera envoyée qu'après réception de votre paiement.

☐ Paiement à réception d'une facture proforma

Bulletin à retourner à :

Cairn.info Diffusion
26 rue Edouard Lockroy
75011 Paris FRANCE

Cochez la case si vous souhaitez recevoir des informations ou offres de la part
- des Éditions La Découverte ☐ - de Mediapart ☐

L'enregistrement, par Cairn SA, des données recueillies sur ce formulaire est effectué dans un but exclusivement commercial et administratif. Cela nous permet de donner suite à votre demande (pilotage de la relation client, traitement de votre commande, livraisons des exemplaires, etc.) et de vous tenir informé(e) de nos publications.

Les données sont conservées pendant 3 ans à compter du dernier contact initié par vous, ou de l'envoi du dernier numéro de votre abonnement. Une réclamation auprès de la CNIL peut être introduite par toute personne en cas de manquement.

Vous pouvez accéder aux données vous concernant, les rectifier ou demander leur effacement. Pour exercer ces droits ou pour toute question sur le traitement de vos données, merci de contacter dpo@cairn.info

PROCHAIN NUMÉRO
AVRIL 2022

Directeurs :
Stéphanie Chevrier, Edwy Plenel

Corédaction en chef :
Joseph Confavreux, Valentine Dervaux

Suivi d'édition :
Thomas Deltombe

Création graphique :
Agnès Dahan Studio
Illustrations **Corentin Perrichot**

Direction de la publication :
Stéphanie Chevrier

Retrouvez la *Revue du Crieur* sur Facebook et Twitter.

ISBN : 978-2-348-06921-5
ISSN : 2428-4068

Diffusion Volumen/Interforum

Achevé d'imprimer sur les presses
de l'imprimerie Clerc
à Saint-Amand-Montrond
Dépôt légal : octobre 2021

N° d'impression : 15042

Imprimé en France

MEDIAPART
8, passage Brulon
75012 Paris

La Découverte
34, rue des Bourdonnais
75001 Paris

FSC www.fsc.org MIXTE Papier issu de sources responsables FSC® C003309

L'éditeur de cet ouvrage s'engage dans une démarche de certification FSC® qui contribue à la préservation des forêts pour les générations futures.